本気でゴールを達成したい人とチームのための

OKR

OKR for LEADERS

株式会社タバネル代表取締役
奥田和広
Kazuhiro Okuda

Discover
ディスカヴァー

はじめに PROLOGUE

組織を躍動させるリーダー

理想を持った現実主義者にならないといけない。理想もない現実主義者なら幾らでもいるんだよ。

――宮崎駿監督『プロフェッショナルの言葉』
NHK「プロフェッショナル仕事の流儀」著　幻冬舎

「メンバーに意欲的に仕事に取り組んでもらいたい」
「仕事にやりがいを感じてもらいたい」
「メンバーが成長できる強い組織をつくりたい」
「メンバー全員でお客様を笑顔にしたい」

「社会の役に立つビジネスに取り組みたい」

起業して人を雇ったり、昇進してリーダーになったとき、このような理想を持つ人がほとんどだと思います。

しかしながら、いざリーダーとして仕事を始めると、さまざまな現実にぶつかっていきます。「業績が芳しくない」、「メンバーの意欲が低い」、「メンバー同士が反目しあっている」など、厳しい現実の課題を目の前に、理想がいつしか、ただの机上論のように感じられてしまうようになります。

何を隠そう、私もその一人でした。若くして経営者の端くれとして事業を営んだときも、倒産後に勤めた企業で中間管理職を経験したときも、目の前の現実の波にいつしか理想を忘れてしまったことがありました。

しかし、チームに魂がこもり、躍動感を持って進みだす瞬間もあります。

その源泉は、やはりリーダーが掲げる「理想」であると考えています。私自身も小規模なチームから会社全体のリーダーまでを経験する中で、「理想」を掲げてこそ現実のチームが躍動することを実感してきました。

名経営者の言葉やビジネス書で、幾度となく理想やビジョンが大切であることは語られています。ただ、リーダーが理想を掲げ、メンバーに伝える方法が、人間性やコミュニケーション能力に依存していると感じられるものが多いように思います。

そのため、カリスマ経営者だから、あるいは、能力が高い天才だからできるのであって、自分の立場や能力では難しい。自分もやろうとしたが、できなかった。そのように感じるリーダーは少なくないでしょう。

実際、ほとんどのリーダーがカリスマや天才ではない一般人です。しかしながら、メンバーを率いて成果を出さなければいけないリーダーは、チームを躍動させなければいけません。

成果を出すためのノウハウはたくさん出回っています。KPIをはじめとする数値管理やアカウンティング、マーケティング、ロジカルシンキングなど、どれもビジネス現場のさまざまなシーンで使える再現性のあるノウハウであり、ビジネスにおいて重要であることは間違いありません。私もこういったノウハウの習得には熱心なほうだったと思います。

しかし、リーダーは、眼の前のビジネス課題と向き合うと同時に、理想を掲げてチームを鼓舞していかなければなりません。そのため、カリスマ性などに依存しない、一般人でも再現できる方法が必要だと考えるようになりました。

私は、カリスマや天才にしかできない手法ではなく、一般人であるリーダーが再現できる仕組みはないものかと模索するようになりました。理想を持ち続けながら現実に成果をあげるリーダーのためのマネジメントの仕組みとしてたどり着いたもの、それがOKR（Objectives and Key Results）です。

OKRはグーグルをはじめとする欧米の企業で取り入れられている仕組みで、近年日本でも注目が集まり始めています。こういった欧米先行の仕組みは日本にフィットしないのではないかという不安を持つ方もいるでしょう。

しかしながら、私は、OKRは今の日本にこそ必要な仕組みだと感じています。終身雇用、年功序列の日本的雇用が崩れ、上司の言うことが絶対ではなくなった現在、これまでのリーダー像は通用しなくなっています。「いいからやれ！」「空気読んで！」

だけでは組織は動かなくなったのです。

　だからこそ、組織を動かす仕組みが今の日本のリーダーには必要になっています。本文を読み進めていただくと、ＯＫＲがまさにその最適解であると理解していただけると確信しています。

　この本は、経営者はもちろんですが、中間管理職、すなわち、課長や係長などのチームのリーダーとして活躍している方の役に立つ内容となっています。


　経営者も現場リーダーもかつてはプレーヤーでした。プレーヤーとして自分で動いて自分で成果を出してきたことで、今のポジションにたどり着いたはずです。ところが、いざリーダーになると求められることが大きく変わってきます。自分個人ではなく、複数のメンバーを動かし、組織として成果を出すことが求められるようになります。

　この変化は多くのリーダーを悩ませることになりますが、本書では、ＯＫＲを中心にこの悩みの具体的な解決策を多く提示しています。リーダーもメンバーもより輝ける良い組織づくりのお役に立てると信じています。

そのようなリーダーが増えることで、日本の企業も元気になっていくでしょう。ひいては、日本全体が明るい元気な社会になる一つのきっかけになってくれれば、この上ない幸せです。

本気でゴールを
達成したい人と
チームのためのOKR

もくじ

第5章 OKRの始め方

CHAPTER 5. OKR IMPLEMENTATION

第6章 OKRの運用

CHAPTER 6. OKR MANAGEMENT

OKR

for

LEADERS

第1章

今こそ、組織の時代

CHAPTER 1. THE AGE OF ORGANIZATION IS NOW

個人の時代と言うけれど……

終身雇用、年功序列が当たり前の時代、新卒で入社した会社に勤め上げることが、一つの理想的な姿でした。しかし今や、会社組織の中でさまざまなしがらみに耐え忍びながら働く人は、社畜などと揶揄されることさえあります。

古い日本的経営の慣習が崩壊し、人材は流動化し、転職はもはや当たり前。フリーランスや副業など新たな働き方が注目されるようになりました。

組織に縛られるよりも、個人の価値観ややりたいことに重きを置く個人としての働き方を大切にする流れの中で、新たな働き方は今後も広がり続けていくでしょう。働くインフラが整備され、優秀な個人はさまざまな稼ぐ手段を持てる。個人の時代がやってきているのです。

しかしながら私は、このような流れの中にあっても、**大きな成果を生み出すには組織の力が欠かせない**と考えています。時代の変遷とともに組織の形は変わっていくかもしれませんが、多くの人が協力し合える組織だからこそ、一人では達成できないような大きな成果を生み出せるのです。

一人の力には限界がある

かつて私は、大きな勘違いをしていました。

大学を卒業後、上場アパレル企業とコンサルティング企業を経て、父の経営する会社に入社しました。そして、私が責任者となり、新規事業としてアクセサリーショップの展開を始めることになりました。

上場企業とコンサルティング企業を経験していた私は、それまで身につけた知識や理屈で事業運営を行おうとしました。私が立てた戦略どおりに組織を動かしていけばすべてうまくいく、と考えていたのです。そして、部下が私の思うように動かないのは、部下の能力不足だと捉えていました。

店舗にはたくさんのスタッフがおり、それ以上に多くのお客様がご来店されます。私一人の知識や経験で立てた浅はかな戦略を振りかざしても、各スタッフの協力がなければ一円の売り上げにもなりません。悩んだ私は、目の前のお客様に接客する店舗スタッフ、商品の準備をする本部スタッフと話をしていくうちに、自分の浅はかさと周りのスタッフと協力していくことの大切さを痛感しました。

一人ひとりががんばることはもちろん大切ですが、多くの人の協力があってこそ、多くの人に影響を及ぼせるのです。

このことは、小売業に限りません。メーカーであれＩＴ企業であれ、どんな仕事であっても、複数の人の協力なしに、大きな成果を生むことはできません。

４番バッターを揃えても、試合には勝てない

本当に優秀な人たちが集まったならば、それぞれが自分の能力を発揮していくことで大きな成果を生み出せるのではないか、と考えるかもしれません。しかしながら、４番バッターばかり集めても勝てないプロ野球球団があったように、いかに優秀な個人であっても、チームワークなしに組織は強くなりません。

組織は、大きな成果に向けた協力を生み出すための最適な形態の一つなのです。

組織にいることの不合理や苦労など、組織のデメリットにフォーカスが当たることが多々ありますが、一人では絶対に達成できない大きな成果を得られるという点で、個人の時代と呼ばれる現在でも、組織にはまだまだ大きな可能性が秘められています。それどころか、優秀な個人が協力しながらその能力を最大限発揮することができるような組織をつくれたとしたら、その力はますます大きなものとなるはずです。

組織はたいてい「もやもや」している

組織に所属していると、組織に対するネガティブな感情を抱くことが多々あります。私は、2社でいわゆる平社員を経験したのち、経営者の端くれになりました。しかしながら、環境変化と自身の未熟さから会社を倒産させてしまい、別の会社で中間管理職として働くことになりました。

一般的な順序である平社員→中間管理職→経営者ではなく、平社員→経営者→中間管理職という珍しい道を歩んできました。このようにして組織のさまざまな階層を上り下りする中で見えてきたことがあります。

どの階層も「もやもや」を抱えている

経営者だったころは、同世代の知り合い（会社員）の愚痴を聞いても「経営者の悩みに比べ、なんと小さな悩みなんだろう。経営者でいるより、会社員でいるほうがよっぽど楽だ」などと思っていたものです。

しかしながら、いざ自分が中間管理職になってみると、「経営者も上司も部下も、どれもそれぞれ大変なんだな」ということに気がつきました。

つまり、**組織のどのような立場にいたとしても、組織に対するネガティブな感情を持つことがある、**ということです。

「経営者が……」「上司が……」と嘆いていた部下も、立場が変われば「部下が……」と嘆くようになります。

「もやもや」がゼロの組織というものが実現できればよいのですが、それは現実にはなかなか難しいものです。「もやもや」は自然発生的に生まれ、放置すれば雪だるま式に増大し、さらには他の人へと感染していく、増殖力も感染力もある厄介な存在です。

結局のところ、どのような立場にあったとしても組織に対する「もやもや」は生じてしまうものです。

組織の「もやもや」

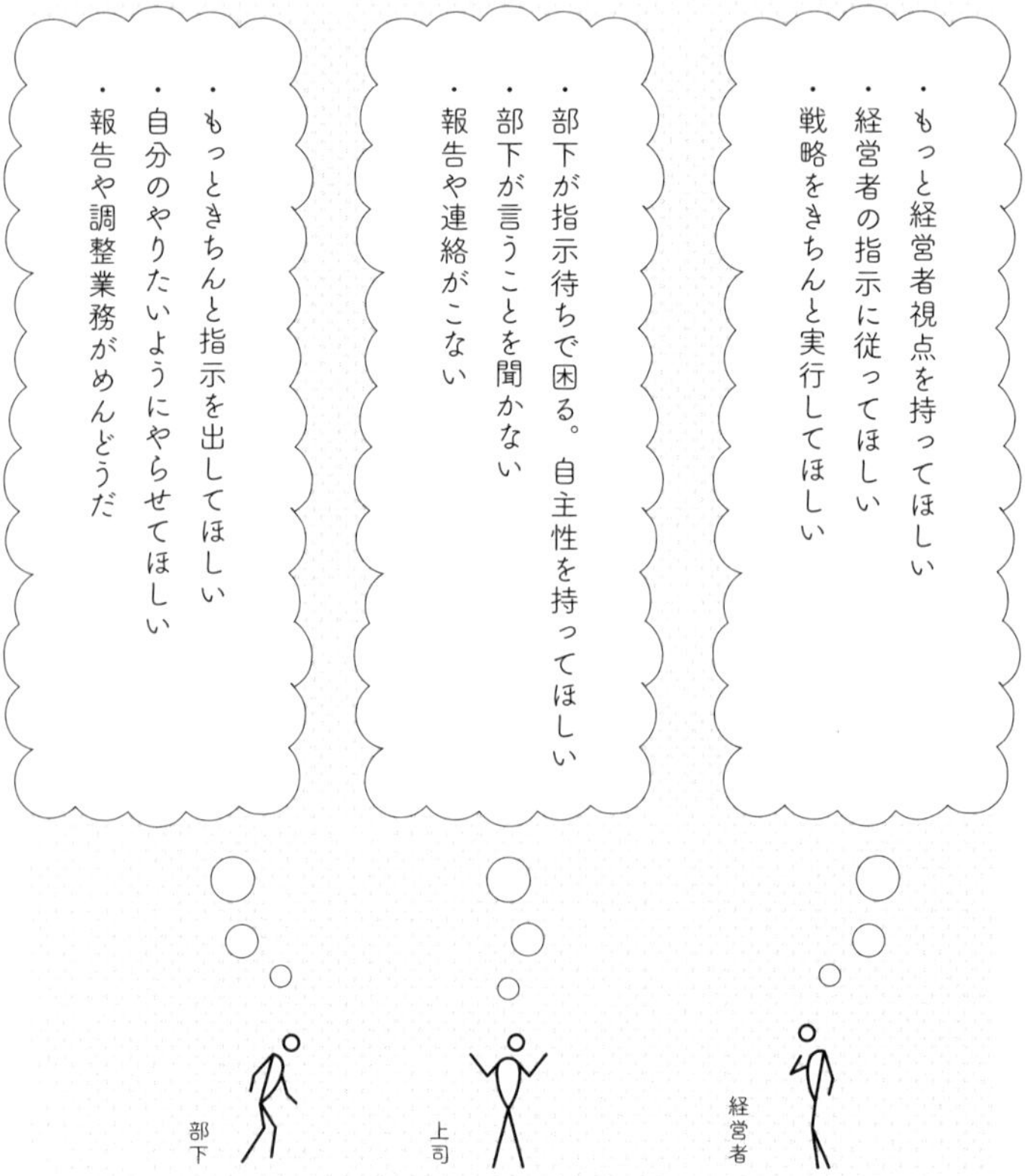
・もっと経営者視点を持ってほしい
・経営者の指示に従ってほしい
・戦略をきちんと実行してほしい
経営者
・部下が指示待ちで困る。自主性を持ってほしい
・部下が言うことを聞かない
・報告や連絡がこない
上司
・もっときちんと指示を出してほしい
・自分のやりたいようにやらせてほしい
・報告や調整業務がめんどうだ
部下

「わくわく」＞「もやもや」に

組織にいるとどうしても「もやもや」が生じてしまうのに、なぜ、組織という形態が存在し続けているのでしょうか？　それは、組織の中に「わくわく」があるからです。私も、組織のさまざまな立場で「もやもや」を感じてきましたが、同時に、どの立場にも「わくわく」がありました。

しかしながら、「わくわく」がゼロの組織というものも、残念ですが、現実には数多く存在します。目の前の仕事や人間関係に追われ、「わくわく」なんて考えたこともない、という方も多いのではないでしょうか？

仕事ではなく、みんなで旅行に行く、友人とBBQをするなど、日常生活の中では、たくさんの仲間との楽しい体験を想像して「わくわく」するはずです。わざわざ「わくわく」しようなどと考えなくても、勝手にそうなってしまいます。誰かに評価してもらえるわけでもお金を貰えるわけでもないのに、むしろ、お金や労力を割いているにもかかわらず「わくわく」するのです。

しかし、会社で仕事をするとなると、どういうわけかこの状況が一変してしまいます。スターバックス・インターナショナルの元社長ハワード・ビーハーはその著書の中でこのように書いていています。

マーケティング、ブランディング、品質管理、技術革新、販売促進、買収といった企業活動に気をとられて、それを実現するのに欠かせない人間の情熱、やる気、目的意識といったことから目をそらしてしまう。

『スターバックスを世界一にするために守り続けてきた大切な原則』
ハワード・ビーハー著　日本経済新聞出版社

企業活動と称される目の前の仕事に目を向けることが、「わくわく」を生み出す情熱から目をそらさせている。組織は、一人ではできない大きなことを成し遂げられる反面、このような状況に簡単に陥ってしまう形態なのです。

本来、目の前の仕事というのは、目指したい未来、ゴールを達成するためのものです。つまり、「わくわく」できる未来に向けて、目の前の仕事に取り組んでいるはずです。

仕事と「わくわく」のつながりを正しく理解し、意識し続けることができれば、「もやもや」に「わくわく」が勝る、全員が協力し合える組織になります。

「わくわく」の源は目的

「わくわく」は、これから起こる未来に対して、期待や喜びなどを抱いたときに、自然と湧き上がってくる感情です。

「わくわく」することの効果として、チャレンジが促進されることや、ストレスに耐えられることがあると言われています。「わくわく」することで、普段以上の力を発揮できるのです。

卑近な例でいえば、会社に出社するための早起きは億劫でも、旅行やゴルフに行くためには喜んで早起きできる人も多いのではないでしょうか。

有名なプロスポーツ選手が、子供の頃から「メジャーリーガーになる」「ワールドカップに出場する」など大きな目的を持っていたという話を多く耳にします。その目的に向けて努力したからこそ、彼らの活躍があるのでしょう。

目的を持つことこそが「わくわく」の源泉であり、普段以上の力を発揮させ、自分を成長させる重要な要素となります。このような目的の力を信じるなら、何事においても目的を見出す、ということの重要性がわかるはずです。

クラウド会計ソフト「freee」を生み出したfreee株式会社の佐々木社長もワクワクと未来へ目を向けることの大切さを語っています。

ワクワクすることを選ぶ。これは、3か月間、1つのテーマに取り組むときの鉄則だ。とはいえ、興味がわかない課題を与えられたり、素直に楽しめない仕事が降ってきたりすることも実際にはよくあるはずだ。でも、そういうときこそ発想を変える必要がある。その課題自体にとくに面白みはないように感じても、課題を解決したもっと先にある何かに目を向け、その先にどんな意味や意義があるのかを考えてみるのだ。

『「3か月」の使い方で人生は変わる』
佐々木大輔著　日本実業出版社

「組織の目的」に「自分の目的」を重ねられるか

「自分の目的」に対して「わくわく」することで力が発揮されるわけですが、「会社の目的」は「自分の目的」ではないから、それでは「わくわく」しない、そう思うかもしれません。

たしかに、会社の目的であるミッションやビジョンを決める最終的な責任は、トップである経営者にあります。経営者の見ている目的を、現場の社員が経営者と同じレベルで理解して「わくわく」するのは難しいかもしれません。

だからといって、経営者が決めたビジョンやミッションを理解することを諦めて、割り振られた業務やタスクをこなしていくだけでいいのでしょうか？

私は、アクセサリー店舗を展開していましたが、正直に言えば、事業立ち上げ当初は大きな志（目的）があったわけではなく、ビジネスチャンスとして魅力的だったということが動機になっていました。しかしながら、店舗でアクセサリーを幸せな顔で購入していくカップルを見ていくうちに、このような幸せな顔を増やすことが目的なんだ、と強い思いを抱くようになりました。

つまり、**「自分の目的」は外部要因や他人の影響によって変化することがある**ということです。

そのため、先の佐々木社長の話にあるように、まずは与えられた仕事に対して、自分で意義や目的を考えてみることで、発想を変えていくのです。たとえ、「自分の目的」と「組織の目的」が合わないと感じるような場合でも、まずはトライしてみましょう。

そのうえで、「組織の目的」にどうしても共感できない場合は、別の組織に行くというのが、個人にとっても、組織にとってもプラスになるでしょう。そもそも、組織は共通の目的を達成するために複数の人が集まったものです。共通の目的に共感できないのであれば、同じ組織にいる理由はありません。

「わくわく」>「もやもや」に

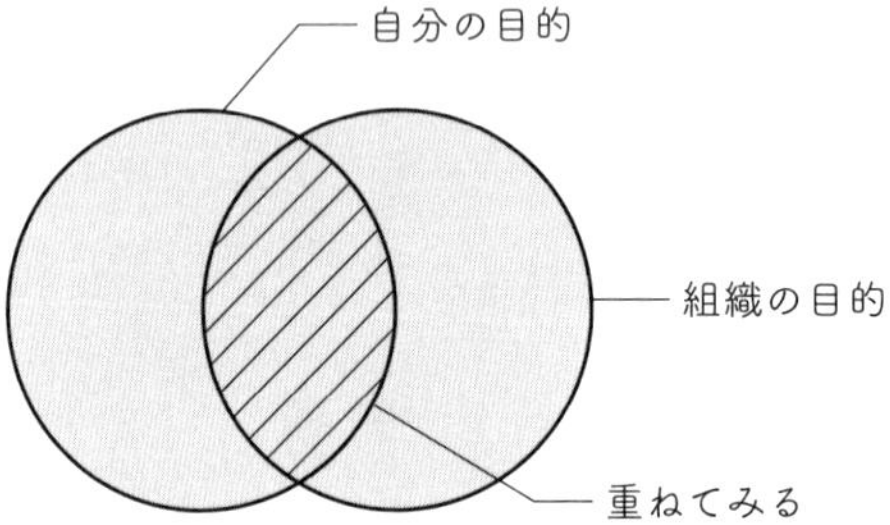

人は、「自分の目的」に「わくわく」する

OKR

for

LEADERS

第2章

組織力の公式

CHAPTER 2. ORGANIZATIONAL CAPABILITY FORMULA

組織と集団の違い

そもそも「組織」とはいったい何なのでしょうか？　強い組織をつくり上げていくためには、まず組織とは何かを知ることが不可欠です。

複数の人が集まれば組織？

組織は、複数の人が集まって構成されます。しかしながら、複数の人が集まっているだけでは組織ではありません。

たとえば、渋谷のスクランブル交差点には数えきれないほど多くの人がいますが、この状態は組織でしょうか？

当然のことながら、同じ場所に多くの人が存在しているだけの状態を組織とは呼びません。なぜなら、スクランブル交差点にいる人には「共通の目的」がないからです。

ある人は買い物に行き、別の人は仕事に向かい、また別の人は学校に行くなど、それぞれ別の目的を持っています。別々の目的を持っている人が集まっていても「組織」にはなりえません。

共通の目的があれば組織？

では、映画を見るために映画館で座っている人たちはいかがでしょうか？　同じ映画を見るという「共通の目的」がありますが、これは組織と呼べるでしょうか？

もちろん、「共通の目的」があるこの状態も組織とは呼べません。映画を見るという共通の目的のために集まった状態（集団）ではありますが、「組織」ではありません。

なぜなら、映画を見るという目的は、他の人がいなくても、つまり、一人でも達成することが可能だからです。

組織は、複数の人が協力して共通の目的を達成しようとする

結局のところ、「共通の目的」を、個人で達成するのではなく、他の人と「協力して達成を目指す」ことで「組織」となります。

組織とは何か?

複数の人が協力して「共通の目的」を目指す

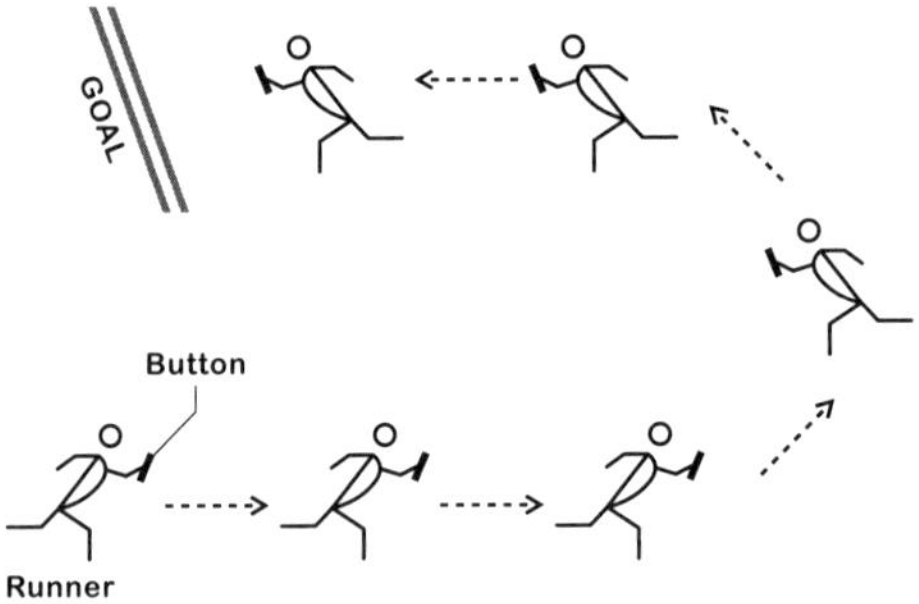

個人で達成可能な目的であれば、わざわざ複数の人が集まる必要はありません。そのような目的であれば個人で達成したほうが、「組織のもやもや」を抱えることなく楽です。

個人では達成できないような大きな「共通の目的」を複数の人で協力して目指すことにこそ、複数の人が集まる「組織」をつくる意味があります。

組織力＝個人の力の単純合計＋相乗効果

以前、プロレスラーのチームと女性の綱引きのチームが対戦をして、どちらが勝つかというクイズ番組を見ました。

プロレスラーのチームは身長180cm以上、体重100kg以上、筋骨隆々の大男揃いです。一方、女性のチームは綱引きの強豪ではありますが、身長は150〜160cmほど、体重はプロレスラーの半分程度と見受けられました。

どちらが勝ったと思いますか？

結果はなんと、女性チームの勝利でした。

一人ずつで力比べをしたら、プロレスラーのほうが圧倒的に強いはずです。しかしながら、体格では圧倒的に劣る女性が全員の力を合わせ、同じ方向に、同じタイミングで綱を引くことで、筋骨隆々のプロレスラーに勝利したのです。

この話から分かることは、組織力は、「個人の力の単純合計」ではないということです。**個人の力の単純合計に、相乗効果（プラスの場合もあれば、マイナスの場合もあります）を加えたものが、組織力**なのです。たとえメンバーそれぞれの力が強かったとしても、正しくその力を合わせて相乗効果を生み出さなければ、組織力は大きくなりません。

「個人の成長は組織の成長」であると考えて、個人向けの研修や能力開発に力を注ぐことがありますが、力の合わせ方を間違えると、組織の成長にはつながりません。

個人個人の力を高めることと同時に、相乗効果のマイナスを減らしプラスを増やすことができて初めて、強い組織力が発揮されます。

個人の力＝最大出力×発揮率

高性能のエンジンを積んでいる自動車があるとします。自動車としての基本性能は高く、理論上の最高速度は非常に速いのですが、アクセルを踏まなければスピードは出ません。小さなエンジンしか積んでいなくても、アクセル全開にすれば、高性能の車に勝てます。

自動車のエンジンと同じで、スキル、経験などで構成されるその人が本来持っていて最大限発揮できる力、すなわち、ポテンシャルがその人の「最大出力」となります。そして、実際の仕事において、どれだけアクセルを踏み込んで出力を引き出せているかが「発揮率」になります。

個人の力は最大出力と発揮率の掛け算となります。どちらか一方ではなく、それぞれをいかに高めるかが重要になります。

高い目標設定が「最大出力」を成長させる

まずは、最大出力を成長させる方法について考えてみましょう。

そもそも、仕事における「成長」とはどんなものでしょうか？

私は、コンサルティングやセミナーの現場で「これまでのキャリアでどのようなときに成長したか？」をよく質問するのですが、次のような答えが返ってきます。

- 大きな仕事を任され、やり遂げたとき
- トラブル、困難を乗り越えたとき
- 高い目標を何とか達成したとき
- 部下を育成し、目標を達成させることができたとき

「できない」と思っていたことが、簡単ではない行動や経験を通じて「できた」ときのことを回答いただくことがほとんどです。つまり、仕事における成長とは、経験を通じて「できなかったこと」が「できる」ようになったことと言えるでしょう。

また、成長を実感するのは、なんらかの行動、経験を通してということもポイントです。過去の研究でも、仕事における成長への影響は、70％が「経験」、20％が「他者からの学び」、残り10％が「本や研修」からとされています。

つまり、**仕事の「経験」こそが、最大出力を成長させるカギ**となります。

コンフォートゾーンではなく、ストレッチゾーン

「できない」と思えるようなことへの挑戦、すなわち、高い目標を設定してそれに挑むことで人は成長します。

目標設定には3つのゾーンがあります。

苦労や努力なしに簡単に達成できる目標は「コンフォートゾーン」と呼ばれます。快適で居心地のよいゾーンであり、今のままでも簡単に達成できる目標ですので、成長は望めません。

成長できる目標設定

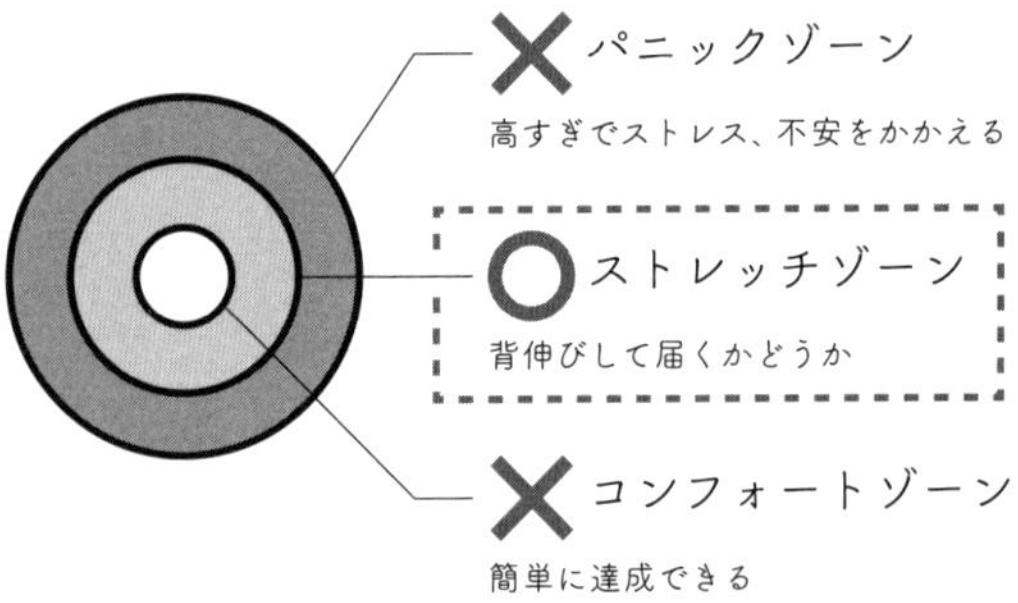

成長につながるのは、今の状態では背伸びしてやっと届くか届かないかのところにある目標で、「ストレッチゾーン」と呼ばれます。背伸びして挑戦することになるので目標に対して不安やストレスを感じることになり、快適で居心地がいいゾーンではありません。

一方で、目標は高ければ高いほどいいというわけでもありません。不安やストレスを過度に感じるほどの目標は「パニックゾーン」

と呼ばれます。読んで字のごとく、パニックになってしまうほど高い目標のことです。このようなゾーンでは、目標に向かった挑戦ができなくなってしまうので、成長は望めなくなります。

つまり、ストレッチゾーンにある高い目標を設定することで、最大出力は成長していきます。

内省とフィードバックと立て直し

最大出力を高めるためには、設定した目標に向かって行動していくことが重要です。その際、ただやみくもに行動するのではなく、何ができて、何ができなかったのか、そして、次に何をするのかまで「振り返る」ことで、今までできなかったことが次はできるようになる。つまり、成長につなげていくことができます。

振り返りには2種類あります。まず、**本人が振り返る**「**内省**」です。自分の経験を自分で振り返ることで、経験から学び成長につなげることができます。

もう一つは、**現場リーダーによるメンバーの振り返りの支援**「**フィードバック**」です。立教大学 経営学部 中原教授の定義をもとに考えると、フィードバックは次の2つの機能からなります。

1. 耳の痛いことであっても、部下に「現状」をしっかり伝える（情報通知）
2. 将来の行動計画をつくる（立て直し）

『実践！フィードバック』
中原淳著 PHP研究所

内省だけだと、自分自身では気づかない点を見落としてしまったり、間違った解釈をしてしまうことがあります。

そこで、現場リーダーはメンバーに、何ができて、何ができなかったかという情報を正しく通知し、次に向けた「立て直し」を支援するのです。

マイクロマネジメントはNG

フィードバックを行う際に気をつけないといけないことがあります。それは、マイクロマネジメントといわれる過度の指示、管理を行ってしまうことです。

たとえば、立て直し策をメンバーが内省して考えることなく、いつも現場リーダーが細かく指示するとどうなるでしょう。メンバーが立て直し策を実行し、うまくいったとしても、それはただ言われたことを実行しているだけなので、メンバー自身の経験値にはなりません。

また、仮に立て直し策がうまくいかなくても、現場リーダーに言われたとおりにやっただけなので、自分の責任だとは考えなくなります。同時に、立て直し策を自分で考えたところで後で現場リーダーから細かく指示されるので、立て直し策をだんだん考えなくなってしまいます。

このように、過度に管理する**マイクロマネジメントでは、メンバーの成長を阻害す**ることになってしまいます。

目標の振り返り

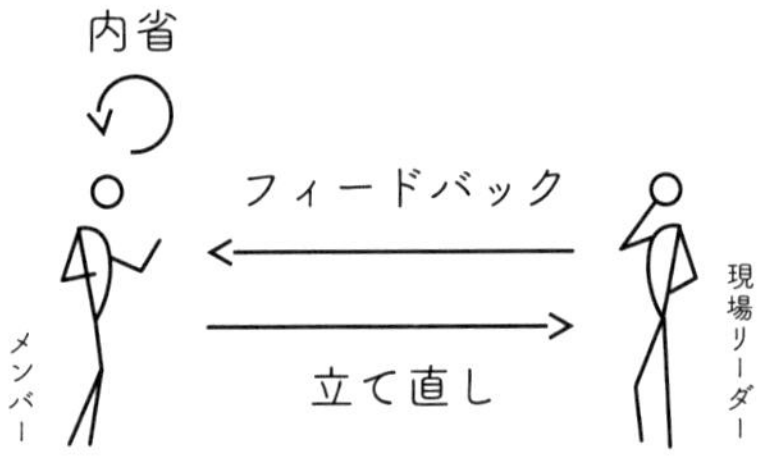

発揮率が高い組織はエンゲージメントが高い

エンゲージメントというのは比較的新しい概念で、タワーズワトソンの定義では、「従業員の一人ひとりが企業の掲げる戦略・目標を適切に理解し、自発的に自分の力を発揮する貢献意欲」となっています。一言でいえば会社と従業員の結びつきのことで、エンゲージメントという英語で理解しようとするより、次ページの図のように、会社と従業員の心理的な距離、結びつきと考えたほうが理解しやすいでしょう。

エンゲージメントが高いメンバーは、会社の目的、目標を達成しようという高い熱意を持ちます。一方、エンゲージメントが低いメンバーは、会社の目的、目標の達成に対する意欲が低く、できるだけ楽をして働こうと考えたり、批判や批評ばかりをしています。

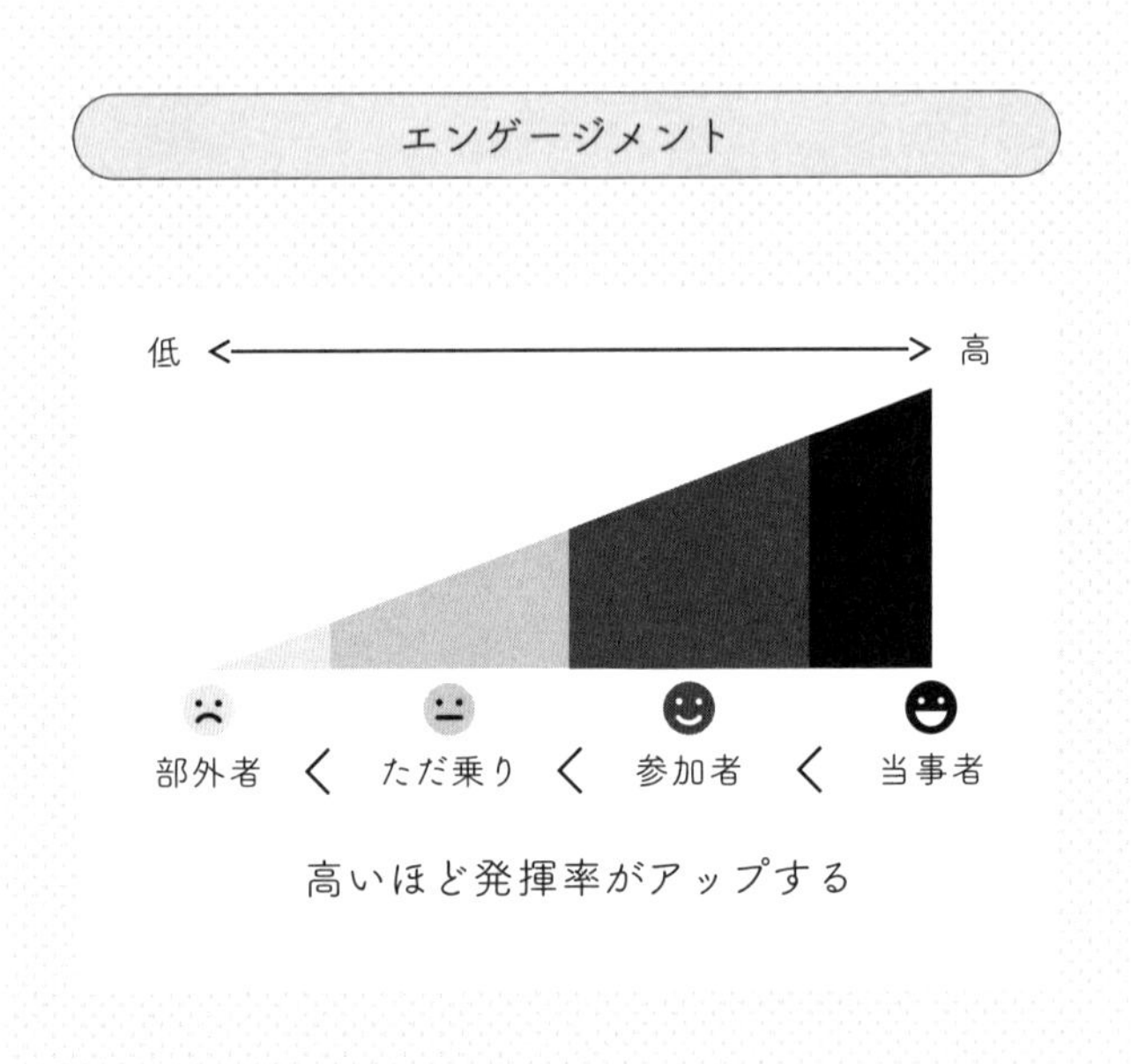

当然のことながら、エンゲージメントの高い人が多い組織は業績が良いと、さまざまな調査で実証されています。

エンゲージメント調査で有名なアメリカの調査会社ギャラップ社の調査から、エンゲージメントの高い組織と低い組織とでは、多くの違いがあることがわかりました。エンゲージメントが高い組織は、さまざまな点でパフォーマンスが高かったのです（表を参照）。

つまり、高い目標を掲げて「最大出力」を成長させると同時に、エンゲージメントを高めて「発揮率」を高めることで個人の力が最大化されるということです。

では、どのようにすればエンゲージメントを高めることができるのでしょうか？

エンゲージメントの効果

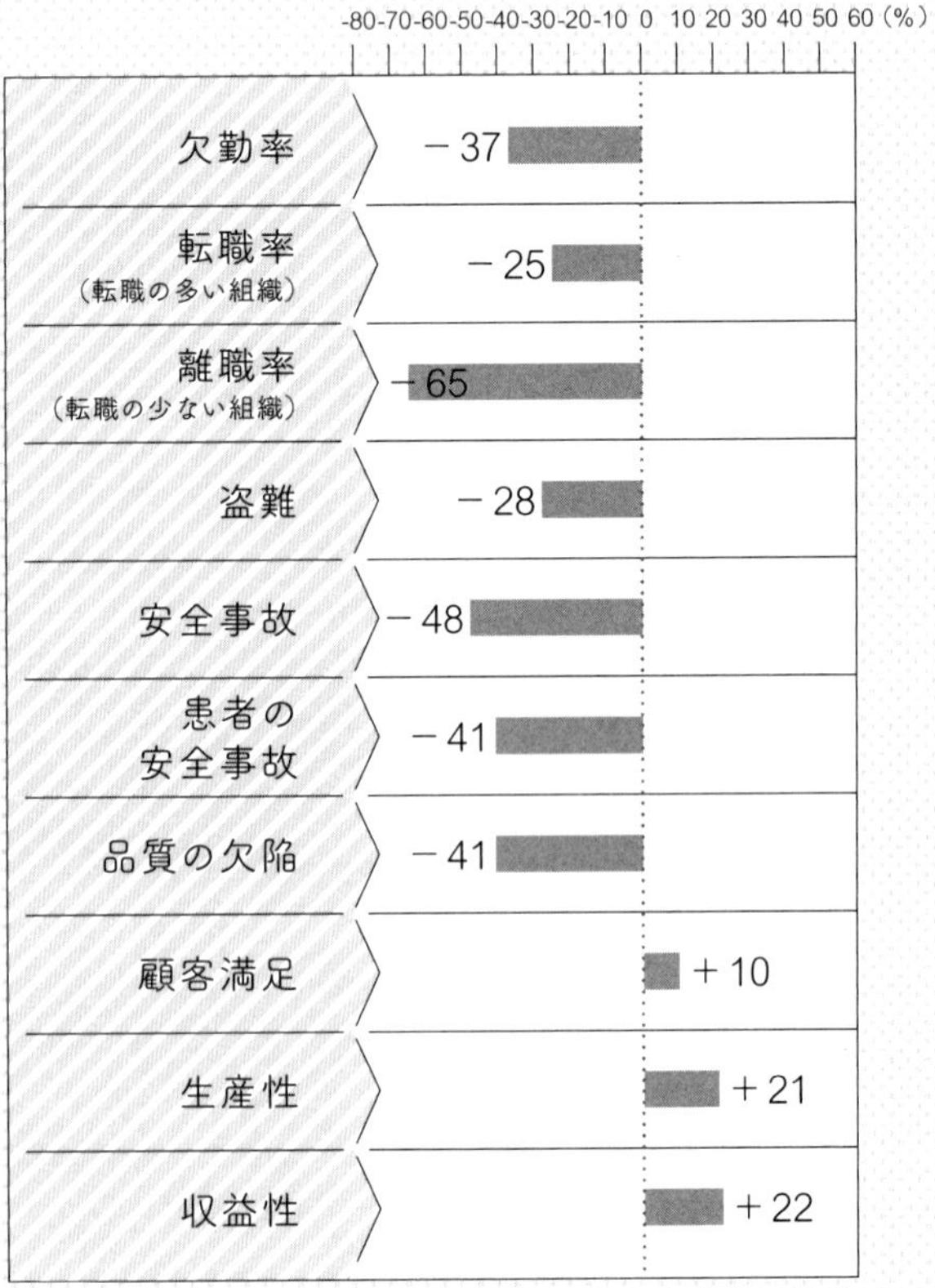

出典：2012 Q12 Meta-Analysis Summary of Findings

エンパワーメントがエンゲージメントを高める

エンゲージメントを高め、各メンバーが伸び伸びと、持てる力を最大限発揮できる組織を作る秘訣は「エンパワーメント」にあります。

エンパワーメント（empowerment）は、em＋power（力を与える）の名詞形であり、権限委譲などと訳されることもありますが、組織づくりにおけるエンパワーメントの意味は、**「従業員の持っている能力、意欲を最大限引き出し、自発的に仕事を進める力や権限を与えること」**です。

勝ちパターンが決まっていた時代においては、権限を持つ上司がいて、部下が上司の言うとおりに実行する上意下達の指示命令型の組織づくりが有効でした。しかしながら、予測困難性が高い現代では、上司の指示が必ずしも「正解」ではなく、部下が適切な権限を持ち判断する中で仕事を進めることが求められます。また、部下自身も自分の権限で判断、実行することで、高い意欲で仕事に臨むことができます。

エンパワーメントが高い効果を持つことは、私の経験からも正しいと断言できます。例をあげましょう。私が経営していた会社では、店長会で、何をどう売るのかを厳密に指示するようにしていました。しかし、なかなか現場で実行されませんでした。そこで、主力製品が何かだけを決め、「売り方」については店長主導で話し合って決めるという形に店長会を変更したところ、現場での実行度合いが変わり、売上も大きくプラスに転じました。

また、このことをきっかけに店長からの発案や店長同士の相談も増え、組織として一段階成長したことを実感しました。店長の感じていた本部主導のやらされ感、つまり「もやもや」が、「わくわく」した熱意に変わっていったのです。

共通の目的を理解し、共感していたとしても、自分の意志がまったく反映されないと、意欲は湧きにくいものです。**エンパワーメントによって「わくわく」が発生し、自律的、自発的に能力、意欲を目的達成に向けることができます。**

権限委譲≠エンパワーメント

現場リーダーとしてメンバーをエンパワーメントするためには、エンパワーメントを正しく理解する必要があります。

エンパワーメントは「権限委譲」と訳されることが多く誤解されがちですが、ただ権限を委譲するだけでは、メンバーのポテンシャルを引き出すことはできません。

繰り返しになりますが、「メンバーの持っている能力、意欲を最大限引き出し、自発的に仕事を進める力や権限を与えること」がエンパワーメントです。ここには、自律性の促進と支援という現場リーダーからの積極的な関わりが欠かせません。

自律性の促進

人は「自律」してこそ、初めて持っている力を最大限発揮することができます。上司の指示命令に基づき言われたことを言われたとおりに行っているだけの状態は、自律ではありません。自分で計画し、自分で自分を律しながら行動することが、自律です。

プレーヤー時代にまじめで優秀だった人が現場リーダーになると、メンバーを律するようなマネジメントを行いがちです。メンバーを律することはもちろん必要ではありますが、度が過ぎるとマイクロマネジメントと呼ばれる過度に干渉していくような管理になってしまいます。

過干渉も問題ですが、すべてを「丸投げ」というのもいけません。**方向性、目的を明示し正しい理解をしたうえで任せる**ことが重要です。方向性について共通認識ができたうえで、メンバーが自分で考え行動できるようにプロセス、やり方を任せることが自律には必要です。

そうすることで、メンバーは遠回りや失敗をすることもありますが、学びや成長が促進されます。また、現場リーダーが思いもよらなかった方法や過去に縛られないプロセスを生み出すことで、飛躍的な成果を生み出すことにつながります。

ただし、自律と自由の違いは正しく理解しておかなければなりません。組織で一緒に働くのですから、どんなことでも自分で自由に考えて行動して良いわけではありません。組織の目的、その中でのメンバー個人の役割を正しく認識したうえで初めて、自律的な行動は意味あるものになります。

モニタリングとフィードバック、承認・賞賛

業務においては、メンバーが自律した行動ができる環境を整備しなければなりません。**そのような環境は、適切なモニタリングとフィードバック、承認・賞賛を行うことで整えることができます。**

メンバーの状況をしっかりと把握するモニタリングがあって初めて、適切なタイミングでの支援が可能となります。モニタリングで事実を正しく把握したら、それをもとにフィードバックを行うというのがエンパワーメントにおける支援です。

自律を求められても、自分自身では状況把握や行動の修正を正しく行えないことは多々あります。適切なフィードバックがあれば、自分で考え、行動できるようになります。

業務に直接関わる具体的な内容は当然のことですが、業務には直接関わらない精神的な面での支援も自律を促すうえで大切なことです。

自律的に働いている中でも躓いたり悩んだりすることはもちろんあります。そして、それを自分だけで抱え込むというのもよくあることです。そのようなとき、今行っている業務についての客観的なフィードバックだけでは支援しきれなくなります。精神的な面でメンバーを支援する、つまり、これまでに積み重ねてきたことを承認・賞賛して、信頼関係を強くするのです。

透明性

自律性を促進するうえでは、組織の透明性を高めることも欠かせません。

経営者とメンバーの間には、持っている情報の量に大きな差があります。情報量が違うため、メンバーが経営者と同じように考えることは困難です。

情報を公開したとしても、それぞれ役割が違うため解釈や情報の優先度は違ってくるかもしれません。しかし、同じ情報に触れる機会を持つことで、自律のために必要な方向性や役割を正しく理解することができます。

組織の透明性を高めることは、組織や他のメンバーへの信頼を高めることにもつながります。社長が何を考えているのか、隣の部署がどんなことをしているのか知らない状態でお互いを信頼し合うことは不可能です。**透明性を高め、自律したメンバーが支援し合うことで個人も組織も成長できるようになることこそが、エンパワーメントの神髄です。**

一老舗旅館からスタートし星野リゾートを大きく成長させた原動力がエンパワーメントであると星野社長も述べています。

星野リゾートが目指しているのは顧客満足と利益を両立させることができる独自のホテル運営手法だ。今では多くのエンパワーされた社員たちが、この目標に向かって日々行動し、会社の仕組みを進化させ、それが全体として業績向上に結びついている。

『社員の力で最高のチームをつくる〈新版〉1分間エンパワーメント』
ケン・ブランチャード、ジョン・P・カルロス、アラン・ランドルフ著　星野佳路監訳　ダイヤモンド社

相乗効果の源泉である多様性は、諸刃の剣

個人の力は、高い目標設定で最大出力を高め、エンパワーメントで発揮率を上げていくことで強化されます。一方、「組織力＝個人の力の単純合計＋相乗効果」でした。この**相乗効果の源泉は多様性**にあります。

相乗効果の部分は、プラスのこともあればマイナスのこともあります。

新卒一括採用、年功序列、終身雇用などこれまでの日本の企業は男性中心の画一的な働き方が主流でした。このような働き方の中では、自然と「空気を読む」「背中を見て育つ」ことになっていました。

しかしながら今では、性別、年齢、国籍、文化、考え方などさまざまな人材や労働形態、そして転職を含めた人材の流動化など、企業の人材の多様性が拡大しています。

その理由として考えられるのが、画一的な組織に比べ優秀な人材を確保しやすいということ、そして、さまざまな能力が発揮されることでイノベーションを生む効果があることです。ボストン・コンサルティング・グループによる分析でも、**多様性に富むほどイノベーションによる収益の割合が高い**ことが示されています。

一方で多様性の高い組織には、**多様であるがゆえに方向性にバラツキが生じやすい**というデメリットもあります。

多様性の持つプラスの側面を最大限発揮させつつ、デメリットを最小化するためには、どのようなことが必要なのでしょうか？

心理的安全性が組織を活性化する

グーグルの行った、「Project Oxygen」というリサーチプロジェクトによって「誰がチームのメンバーであるか」よりも「チームがどのように協力しているか」のほうがチームが効果的であるために重要であることが明らかにされました。**そのリサーチで分かった最も重要な因子が「心理的安全性」です。**グーグルによる「心理的安全性」の定義は次のとおりです。

心理的安全性とは、対人関係においてリスクある行動を取ったときの結果に対する個人の認知の仕方、つまり、「無知、無能、ネガティブ、邪魔だと思われる可能性のある行動をしても、このチームなら大丈夫だ」と信じられるかどうかを意味します。心理的安全性の高いチームのメンバーは、他のメンバーに対してリスクを取ることに不安を感じていません。自分の過ちを認めたり、質問をしたり、新しいアイデアを披露したりしても、誰も自分を馬鹿にしたり罰したりしないと信じられる余地があります。

https://rework.withgoogle.com/jp/guides/understanding-team-effectiveness/steps/identify-dynamics-of-effective-teams/

簡単に言うと、**安心して上司や同僚に意見を言える信頼関係のある状態**が、心理的安全性が高いということです。

あるメンバーが上司の考えとは違うものの、組織の目的を達成するために必要な意見を持っていたときに、その意見を表明すると怒られそう、あるいは、分からないことがあったときに無知だと思われそうなどと感じると、意見を言わなくなります。

組織の目的を達成することよりも、チームの空気を読むことを重視してしまうと、組織として高い業績を望めなくなってしまいます。

また、失敗や間違いを認めて、そこから学ぶことで成長につながりますが、心理的安全性のない組織では、メンバーは失敗や間違いを報告しない、隠蔽する、ごまかすなどの行動をとってしまうため、成長できません。

現場リーダーは、組織を心理的安全性の高い状態に保たなければなりません。

ただし、心理的安全性の高い組織は、風通しや仲が良いだけの組織というわけではありません。ただ風通しが良いだけ、仲が良いだけの組織は、「ぬるい」だけかもしれません。心理的安全性と両立させるべきものを守ってはじめて、多様性の本当の価値を引き出すことができるのです。

多様性の負の側面を抑えるには？

多様であるがゆえのばらつきという多様性のデメリットを最小化するために一番大切なことは、**「多様であってはならないもの」を明確にする**ことです。

現場リーダーが組織において揃えるべき、多様であってはならないものとは、「共通の目的」と「規律」の2つです。

共通の目的

画一的な働き方をしていた時代は、同じ会社に勤め上げ、出世することを目的に働いている人が多くいました。しかしながら、多様なメンバーがいる昨今、当たり前ですが人生の目的、生活で重視する点、考え方なども多様性を増してきています。

終身雇用制が前提の時代であれば、組織の「共通の目的」は明確に言語化されていなくても、長年勤務する中でなんとなく分かっていくものでした。

しかしながら、多様な人材が働いていることを前提とすると、これまで以上に「組織は何を目指しているのか?」「どこへ向かいたいのか?」といった組織の「共通の目的」は、なんとなく分かるようなものであってはいけません。

「共通の目的」を明確に言語化し、繰り返し伝えることで全員の意識のベクトルを合わせなければ、組織はバラバラになってしまいます。

規律

組織で一緒に働くうえで信頼関係が不可欠なことは言うまでもありません。信頼関係は、築くことは難しい反面、壊れるときはあっという間です。そのため、信頼関係を壊す行為を組織からなくすことが重要になってきます。

知人や友人との信頼関係はどのようなときに崩れるでしょうか?

「時間に遅れてきたとき」

「ウソをつかれたとき」

「陰で悪口を言われたとき」
「貸したものが返ってこないとき」
などなど、さまざまなケースがあると思います。

多様な組織であればなおさら、個人個人の信頼関係を壊すと考えられるケースも多様になります。そのため、「信頼できない」ケースを一つひとつ見極めるのは困難です。
また、すべてをルールや規則で縛ってしまうと、ルールの抜け道探しが始まり、結果として組織にとって良くない状態になってしまいます。

現場リーダーに必要となるのは「信頼できない」の最低ラインを明確にすることです。「信頼できない」の最低ライン、すなわち、規律を作り、しっかり守れる組織にすることが信頼関係を築く第一歩です。

ヤクルトスワローズ、阪神タイガースなどで監督を務めた野村克也氏は次のように書いています。

弱いチームは規律が甘い。乱れている。断言してもいい。

『そなえ』
野村克也著　大和書房

規律を守ることは社会人であれば常識だ、と考える人もいるでしょう。しかしながら、何を規律として守るべきかは人によって大きく異なります。そのため、人によって理解の差がでないように明確に言語化することが大切です。

さらに付け加えると、現場リーダーが作るべきなのは「最低ライン」だけで、規律だらけでメンバーを縛りつけることのないようにする必要もあります。

第3章

変えるべきは意識ではなく仕組み

CHAPTER 3.　CHANGE STRUCTURE RATHER THAN MINDSET

なぜ目標管理はうまくいかないのか？

「共通の目的」を達成するための仕組みでもっとも広く導入されているものに目標管理があります。各種調査によると、日本企業の7～9割で何らかの目標管理が導入されています。しかし、多くの人が目標管理の効果に対して疑問を抱いているというのが実情でしょう。

実際に、筆者の会社で実施したアンケートでも、戦略目標や経営者の考えている方向性を理解しているかとの問いに、「大いにあてはまる」と回答したのはわずか1割程度、「ややあてはまる」まで入れても3～4割ほどでした。

多くの企業で導入されているにもかかわらず、なぜ、目標管理はうまくいかないのでしょうか？

目標が形骸化している

目標管理がうまくいかない最大の要因は目標の形骸化です。

多くの企業で見られる状況を説明しましょう。

部下は、毎年期初に人事部に急かされて慌ててその場しのぎの目標を立てます。上司もたくさんの部下の目標を急ぎで見ないといけないため、目標を精緻に確認することなく承認します。そのため、目標があいまいなものになっていたり、部下や組織の成長に適していないものだったり、適切な水準に設定されていないことが多々あります。

上半期が終わる頃、人事部からフィードバックをするようにという連絡が上司のもとにきます。上司は、部下の目標を正確には覚えていません。部下も、目標管理シートを探し出し、半年ぶりに見ることになります。そして、いざ評価しようという段になると、部下から「設定したときとは状況が違うので……」と言われ、当初設定した目標ではないもので評価をすることになってしまいます。

何が問題かと言うと、**適切な目標が設定されないこと、一度立てた目標が忘れ去られてしまうこと、目標の進捗に対するフィードバックのタイミングが遅いこと**です。

このようにして目標が形骸化してしまうため、目標管理がうまくいかなくなります。

目的が共有されていない

目標管理において、「適切な目標が設定されれば、そこに向かって迷うことなく進み続けられる」というほど私たちは単純ではありません。目標に向かって進んでいくには、目的の共有が欠かせません。

目的の共有の大切さはレンガ積みの寓話でしばしば語られます。

むかしある旅人が、3人のレンガ積み職人にこう尋ねました。

「ここでいったい、何をしているのですか?」

1人目のレンガ積み職人は、「レンガを積んでいるんだ」と答えました。

2人目のレンガ積み職人は、「生活のために働いているんだ」と答えました。

3人目のレンガ積み職人は、「後世に残る大聖堂を造っているんだ!」と目を輝かせて答えました。

この寓話から分かるように、**大きな目的を理解し共感することで、働く意欲も生産性も上がります。**

人は機械ではありません。明確に定められた目標を追いかけようとするだけでは、意欲的に働けないときもあります。そんなときに必要なのが、目的を共有し、「わくわく」することなのです。

メンバーそれぞれの目標を個別管理している

組織において共通の目的を達成するためには、複数のメンバー、チームでの協力が不可欠なことは言うまでもありません。

しかしながら、多くの目標管理制度において、現場リーダーはメンバーごとに個別に目標を管理しています。そのため、メンバー同士はお互いの目標やその進捗を知ることができません。

また、組織全体の進捗ではなく、個人の目標に対する進捗が評価の大部分を占めるため、自分の目標達成度さえ高ければ良いと考え、他のメンバーやチームのことには関心がなくなりがちです。

さらには、他のメンバーの進捗が分からないために、「自分は一生懸命仕事しているのにあの部署はヒマそうだな」などの疑心暗鬼まで生まれることがあります。

目標が個別管理される結果として、メンバー間に協力が生まれず、組織の目的の達成を目指すという目標管理の本来の機能がうまく働かない事態に陥ってしまいます。

挑戦を評価できない

競争環境が目まぐるしく変化する中、企業が成長するためには新しいことへの挑戦が不可欠です。

「挑戦する企業風土を目指したい」「チャレンジする若手を育てたい」「イノベーションを生むために新しいことに取り組まなくては」と考えながらも、そういったメンバーが現れてこないと嘆く経営者がよくいます。

ここでの問題は、挑戦する人が現れないことではなく、挑戦を評価する仕組みがないことです。挑戦したところではしごを外されてしまうのでは、現場リーダーとして二の足を踏んでしまうのは当然です。そしてこれは、メンバーにとっても同じことです。

そもそも、挑戦とは何なのでしょうか？

「容易には達成できない高い目標を何とか実現しようとすること」、つまり、ストレッチゾーンに挑むのが挑戦です。そのため、きちんと挑戦した人の目標達成度は、どうしても低くなってしまいます。一方で、挑戦すること、挑戦し続けることには非常に高い価値があります。

しかしながら、多くの目標管理制度では、挑戦することの価値を正しく評価することができません。

たとえば、同じ仕事をしているAさんとBさんがいたとします。そして、Aさんは新たな取り組みに挑戦し、目標を高く200と設定し、一方Bさんは現状の延長線上で保守的に100と目標設定しました。この2人の実績が、Aさん150、Bさん120となった場合、どのような評価がなされるでしょうか？

多くの場合、Aさんは達成率75％で目標未達成と低く評価され、Bさんは達成率

120％で高く評価されます。高い目標を掲げ、それに挑戦し、高い実績を出したAさんの方がBさんより低く評価されてしまうのです。このような仕組みのもとでは、誰も高い目標を立てて挑戦しようとは思わなくなるでしょう。

これと似たようなことが、新規事業の責任者に起こっていることをよく目にします。既存事業よりも成功確率が低い新規事業を既存事業と同様の評価基準で評価すると、たいてい低評価に終わります。その結果、新規事業を担当した責任者は低い評価を受けて降格にも近い辞令を受けます。そして、それを目にした周囲の社員は新規事業に積極的に取り組もうとしなくなるのです。

目標管理の目的が人事評価になっている

これまで見てきたように、日本で行われている目標管理のほとんどがうまくいっていません。そもそも、目標管理は何のためにあるのでしょうか？　目標管理の目的とは何か、改めて考えてみましょう。

目標管理では、多くの場合業績がその基準となります。しかし、業績というのは、組織が共通の目的を達成したことを示す指標の一つにすぎません。業績をあげることで、組織の共通の目的であるミッション、ビジョンの実現に近づくことが目標管理の本来の目的のはずです。

しかし、多くの場合、目標管理は人事評価のためのツールになってしまっています。人事評価は、給与・賞与など報酬の決定に採用されます。

極端な話、業績が下がり続ける組織においては、社員の誰をどのように評価しても報酬は下がってしまいます。人事評価ももちろん大事ですが、**誰をどのように評価するかよりも、メンバーが意欲的に目標達成を目指し、組織がしっかり業績をあげて、目的に近づくことこそ大切**なのであり、そのために目標管理をしなければならないのです。

意識はなかなか変わらない

組織の改革を進めるうえで、意識を変えることの重要性が説かれることがよくあります。

意識が変われば行動が変わる
行動が変われば習慣が変わる
習慣が変われば運命が変わる

人によって表現に多少の違いはあるものの、このような言葉を聞いたことがある人も多いのではないでしょうか。

座右の銘にしているという有名人や成功者も多く、意識や心の持ち方を変えることが非常に重要なことだと考えさせられる名言です。

しかしながら、意識を変えることは意外に難しいことだとは思いませんか？　何かを決意して、それをやり遂げられたということが、どれほどあるでしょうか？　**自分の意識を変えることも難しいですが、もっと難しいのが他人の意識を変えることです。**家族、友人の意識を変えることはもちろん、会社において複数のメンバーの意識を変えるのはとても難しいことです。

「最近の若手は意識が低い」「部下の意識を高めよう」など、意識を中心に語るリーダーをよく見かけますが、意識を変えようというアプローチが間違っている、そう考えることはできないでしょうか？

仕組みが変われば意識が変わる

たしかに、意識が変わることで大きな変化をもたらすことができます。しかし、意識を変えるというのは容易なことではありません。

そのような状況下で、現場リーダーは何をするべきなのでしょうか？

答えは「仕組み」を作ることです。

仕組みが変われば習慣が変わる
習慣が変われば結果が変わる
結果が変われば意識が変わる

組織を動かそうとする際、他人の意識を変えるという非常に困難なことから始めるのではなく、仕組みを変えることから始めるのです。

たとえば、「健康のためにエスカレーターを使わずに階段を使いましょう！」と言っても、エスカレーターに慣れた人はなかなか階段を使おうという意識にはならないでしょう。

しかしながら、フォルクスワーゲン社が2009年にスウェーデンのある駅で行ったプロジェクトでは、多くの人がエスカレーターが横にあるにもかかわらず階段を使うように仕向けることに成功しました。そのときの解決策は、とてもシンプルながらユニークな「仕組み」でした。

何の変哲もない駅のエスカレーターの横にある階段をピアノの鍵盤のように彩り、段を踏むと音が鳴るようにしたのです。この結果、普段より66％も多くの人が階段を利用するようになったと言います。

つまり、「健康のために階段を使いましょう！」と意識に訴えかけるのではなく、音が鳴る仕組みを作ることで行動を変えたのです。

このプロジェクトで実証されたわけではありませんが、行動が習慣化されると「階段を上っても疲れなくなる」など結果が変わっていくでしょう。そして、最終的には「健康のために階段を使おう！」と自発的な意識変化が起きていくことになり、この駅以外の階段も使うようになると思われます。

Good intention doesn't work. Only mechanism works.

『アマゾンのすごいルール』
佐藤将之著　宝島社

アマゾンの創業者ジェフ・ベゾスは仕組みについてこのように語っています。
この言葉は『「善意」だけで、従業員は働き続けられない。「仕組み」の土台の上で従業員の善意が発揮される』という意味になります。多くの人が関わる組織においては、人の善意や意識に頼っていては変革や成長は難しく、何らかの仕組みが必要となるのです。

このように、組織においてリーダーは、仕組みを変えることに着手することが大切です。もちろん、リーダーがメンバーの意識を変えようとすること自体を否定するつもりはありません。

しかしながら、**メンバーの意識を変えようとして悩む前に、仕組みを作ることで解決できる**ことも知っておくべきです。多くの場合そのほうが効率的かつ効果的です。さらに、リーダー個人の資質に依存しないため、再現性、持続性も高いと言えます。

組織力の公式を最大化するＯＫＲという仕組み

ここまでの話をまとめてみましょう。

まず本書では、一人の力では達成できないような大きな成果を生み出すのに欠かせないものとして、組織をポジティブに捉えていきました。しかし、複数の人が共通の目的を達成しようと協力する組織では、「もやもや」が自然発生してしまいます。そのため、「わくわく」するような自分の目的と、組織の目的とを重ね合わせていくことが重要となります。

組織のパフォーマンスは、個人の力の単純合計に、相乗効果を足し合わせたものとなります。相乗効果にはプラスのものもマイナスのものもあり、多様性がその源泉になっています。プラスの効果を高めるには心理的安全性が、マイナスの効果を和らげるには共通の目的と規律が必要となります。

一方個人の力は、最大出力×発揮率で決まります。最大出力を高めるには、成長できる目標設定と、目標達成に向けた振り返りが、発揮率を高めるにはエンパワーメント（自律性の促進、モニタリングとフィードバック、承認・賞賛、透明性）が求められます。

このように、一人では達成し得ない大きな成果を生み出すことが可能な組織ですが、うまくマネジメントしていくためには、注意を払うべきさまざまなポイントがあります。

すべてのポイントを意識改革によってどうにかしようというのには、限界があるでしょう。だからこそ、適切な仕組みが求められます。しかしながら、現状の目標管理システムという仕組みは、あまりうまく機能していません。

そこで今注目を集めているのが、ＯＫＲという仕組みです。

OKR

for

LEADERS

第4章

OKR《仕組み》で組織力が高まる

CHAPTER 4. OKR FOR GREATER ORGANIZATIONAL CAPABILITY

OKR＝目的（O）＋重要な結果指標（KR）

OKRという呼び名は、「Objectives and Key Results」の頭文字からきています。その構成は非常にシンプルで、**1つの「目的（O：Objectives）」と、2〜5個の「重要な結果指標（KR：Key Results）」でできています。**

定性的な「目的（O）」と、数値などで表される「重要な結果指標（KR）」の両方を併せ持つというのがポイントです。

目的を常に意識できる

MBO（Management by Objectives）に代表される一般的な目標管理手法は、目標として指標や評価項目を管理していきますが、目的については管理しません。そのため、目標を追いかけていく中で、ついつい目的を見失ってしまうことがあります。先に述べましたが、目的こそが「わくわく」の源泉ですので、これを忘れてしまっては「もやもや」だけが残されることになりかねません。先述のレンガ積み職人の話のとおり、目的の理解、共感は、働く意欲や生産性を高めます。

一方OKRは、定量的な「重要な結果指標」に加え、定性的な「目的」を掲げることで、目的を常に意識させるような仕組みとなっています。

目的への到達度を定量化できる

OKRには、どのような状態になれば「目的」を達成できたと言えるかを、数値で計測する「重要な結果指標」が含まれています。

なぜ、「目的」だけではだめなのでしょうか？

レンガ積み職人の話を例にあげると「後世に残る大聖堂を造る」という目的を共有し、そこに向かって仕事を続けていくこと自体は非常に重要なことですが、目標となる指標がないままに「後世に残る大聖堂を造っているんだから、とにかく一生懸命レンガを積んで」と言われたとしても、「わくわく」は続かないでしょう。

最初のうちはがんばれるかもしれませんが、「いったいどこまで積めばよいのだろう

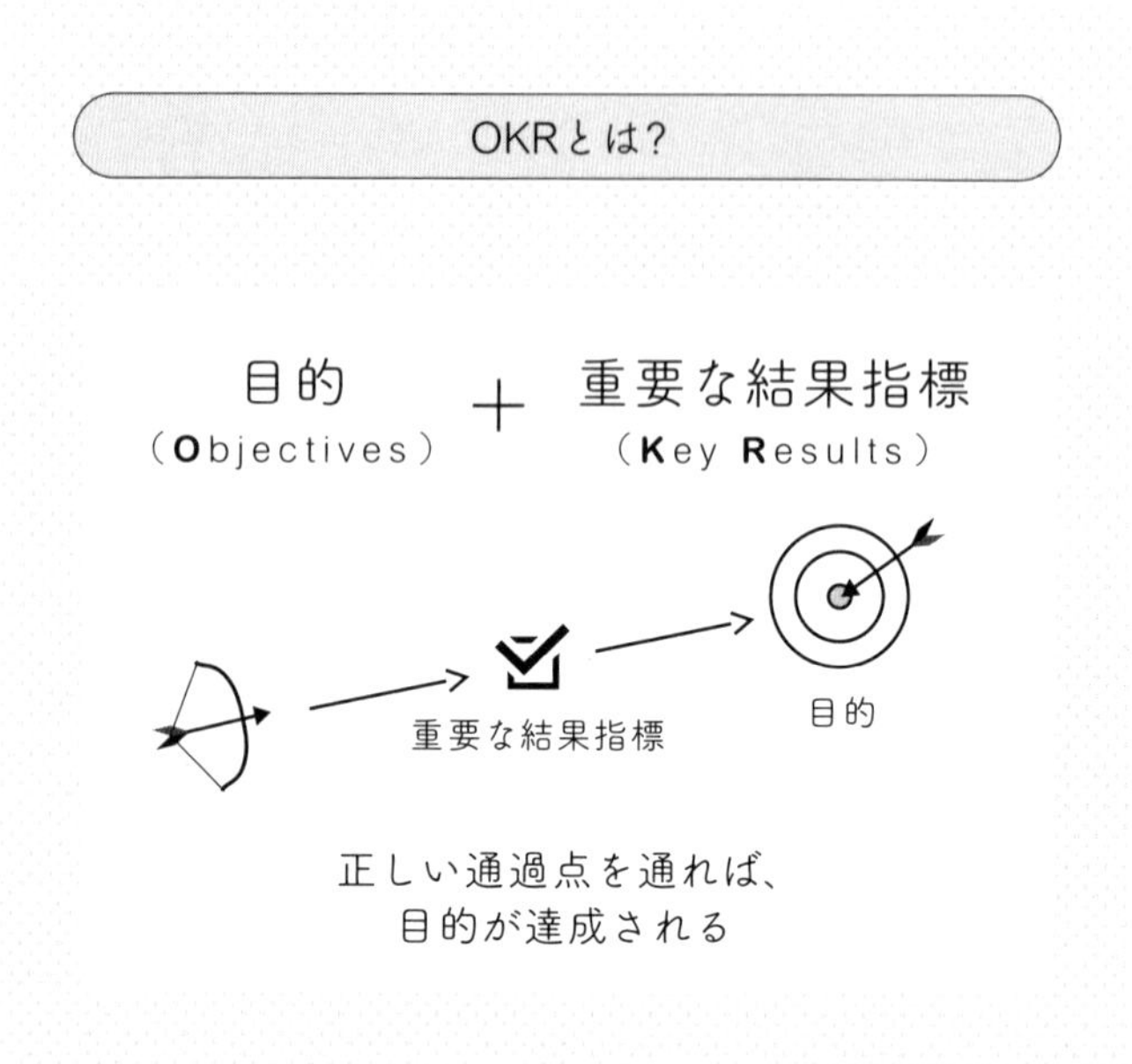

か？」といった疑問や、「いつまでがんばればいいんだ！」といった不平不満が噴き出してくるはずです。

　達成度合いを測ることができれば、何をどこまでやればいいのかが明確になります。だからこそ、「重要な結果指標」によって「目的」の到達度を共有し、チームでその認識をすり合わせていくのです。

「目的」は、「何を達成したいのか？」「どこに向かおうとしているのか？」を指し示すものです。これに対して「重要な結果指標」は、「どのように『目的』を達成するのか？」「目標に近づいていることをどう把握するか？」に答えるものなのです。

「目的」に向かうマイルストーンが「重要な結果指標」であり、どの程度達成できているかを指標で計測することで、ペースの見直しができるようになります。また、「目的」の達成基準を明確にするためにも、「重要な結果指標」は計測可能な指標であることが求められます。

COLUMN

Objectivesは目標ではなく目的

OKRのO（Objectives）は、一般的には「目標」と訳されることが多いようです。しかしながら、私は、意識的にObjectivesの訳語として「目的」という言葉を使うようにしています。

英和辞典を調べると、Objectivesの意味は、「目的」、「目標」の両方が記載されています。「目標」と「目的」は似たような言葉ですが、日本語において両者はどのような意味を持つのでしょうか？

「目標」は「目的」達成の過程、すなわち、「目的」へと至るステップであると言えます。

また「目標」が具体的であるのに対して、「目的」は抽象的です。たとえば、目指す数字を「目標数字」と言うことはありますが、「目的数字」とは言いません。さらに、仕事における「目的」は、その仕事に取り組む理由、意義といった意味も含まれて使われることがあります。

繰り返しお伝えしているとおり、メンバー全員が「共通の目的」を目指すことは、組織として成果を上げていくうえでたいへん重要です。しかしながら、そのようなときにメンバー全員が「共通の目標」を目指すわけではありません。

このように両者の違いを考えると、定性的で「何を達成したいのか？」を表すObjectivesは、「目的」と訳して使うことで正しく理解できるのです。

実は、Key Resultsのほうこそ「目標」を意味するものと捉えることができるのですが、これを「目標」と訳すとOとKRとを混同してしまうことになりかねないため、KRを「目標」と訳してはいません。

Key Resultsのほうは、「重要な結果」「主要な結果」などと訳されることが多いようですが、「指標」という二字を付け加えたほうが本来の意味を正しく理解できると考えて「重要な結果指標」と訳しています。

「目的：Objectives」が満たすべき3条件

組織は、ビジョン、ミッション、バリューなどという形で、共通の目的を持っているものです。これらは、組織の根幹として大切なものである反面、長期的な将来像を言語化したものであるため、現場リーダーやメンバーにとって、達成した状態や、どのようにして到達していけるかをイメージできないという問題があります。また、解釈があいまいになりやすく、認識のズレが生じやすいものでもあります。

たとえば「ＩＴを通じて、笑顔と創造性にあふれる働き方を生み出す」というビジョンを持ったＢ２Ｂ向けＩＴ企業があるとします。このビジョンのもと、ある人は「とにかく多くの会社に早く製品を提供したい」と思い、他のある人は「創造性を徹底追求したアプリをじっくり開発したい」と思い、またある人は「他とは違ったユニークなデザインで働く人を笑顔にしたい」と思うかもしれません。

長期的な共通の目的の大切さは言わずもがなですが、**現時点でまず「何を目指すのか？」「どうなりたいのか？」について共通の認識**を持つ必要があります。それが、OKRで設定する「目的」となります。これは、3か月程度の短い期間で「何を達成したいのか？」を、定性的なメッセージとして表現したものです。

「目的」を設定する際のポイントを見ていきましょう。

挑戦的であること

変化の激しい状況下で成果を上げ続け、個人としても組織としても成長していくためには、現在の延長線上を目指すのではなく、理想から逆算したより高い場所を目指すことが必要です。すなわち「目的」**は、「達成できたらすごい！」と思える挑戦的なレベルで設定することが求められます。**「達成できそう」「達成できるだろう」というような保守的、現実的なレベルで設定してはいけません。

現状では難しいと思われるような挑戦的な高い場所を目指すからこそ、枠にとらわれない発想や行動が生まれることになります。

現在の延長線上にあるものは、単なる予測であり、目的とは呼べないとも言えます。

魅力的であること

「目的」は、魅力的でなければいけません。魅力的だからこそ、メンバーが目的達成に向けてわくわくして奮い立ち、全力で向かうことになります。

メンバーのモチベーションいかんで、成果は大きく変わってきます。現場リーダーに求められるのは、「この『目的』が達成できれば最高だ!」「この『目的』に向かってみんなでがんばりたい!」と思えるような目的を分かりやすく提示することです。

プロ野球では、キャンプインのときに各球団が毎年スローガンのようなメッセージを発表します。なかには、難しい言葉や横文字だらけのチームもあります。しかしながら、それでは選手に(ファンにも)本当の意味は伝わらず、「達成したい」とは思われないでしょう。**「目的」を提示する際には、平易で分かりやすい表現を心掛けること**も必要となります。

一貫性を持つこと

「目的」は、全社的な目的、部署の目的、チームの目的、個人の目的など、さまざまな範囲に対して設定することができます。その際、「目的」は一貫性を持っていることが求められます。全社の目的と合致しない「目的」を設定する部署があったり、部署同士で相反する「目的」が設定されることがあってはなりません。全社の目的が「中小企業向け市場でトップを取る」であるにも関わらず、営業部門が「営業効率を上げるために、単価の高い大企業を攻略しよう」という目的を設定した場合、上下の一貫性はないと言えるでしょう。

同じケースで、広報部門が「一般消費者向けの認知を高める」といった目的を設定したとしたら、今度は、営業部門と広報部門の間という横の一貫性が保てていないことになります。

このような例は極端に感じられるかもしれませんが、多くの企業では「目的」を明文化していないため、組織の各階層の「目的」の間にズレ・モレが多々発生しています。

「目的」の間に一貫性を持たせることで、より上位の「目的」の実現にむけてムダ・ムラなく組織の力を集中して発揮できるようになります。

「目的」が満たすべき条件

“挑戦的”

高い「目的」を目指すことで
成長する

“魅力的”

達成したいと思える

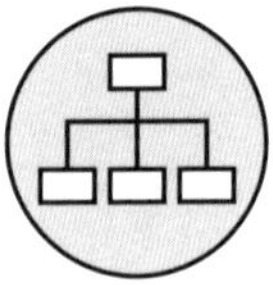

“一貫性”

組織・部門・チーム個人の
「目的」に整合がとれている

「重要な結果指標」が満たすべき4つのポイント

「重要な結果指標」は、「どのように『目的』を達成するのか？」「目標に近づいていることをどう把握するか？」を表すものでした。何を指標にするかというのは、ときに企業の明暗を分けるほどのインパクトを持ちます。

インテルは追いかける指標を「活用しやすさ」にしたのです。一方で、日本企業を含めた他社は、MPUの「処理速度」を追いかけていました。インテルが台湾企業にマザーボードのライセンスを与え、世界中で安価にマザーボードが普及するようになったことで、各社のシェア争いは完全にインテルの勝利となってしまったのです。

『「超」入門 失敗の本質』
鈴木博毅著　ダイヤモンド社

現在のインテルの圧倒的なシェアは、指標選択によるものだったと言うのです。これはまさに、選択する指標を何にするかによって、組織の盛衰に大きな影響が出た実例と言えるでしょう。同書は、指標について次のようにまとめています。

勝利につながる「指標」をいかに選ぶかが戦略である。性能面や価格で一時的に勝利しても、より有利な指標が現れれば最終的な勝利にはつながらない。

この、「勝利につながる」という部分は「目的達成につながる」と言い換えることができるでしょう。すると、OKRについては次のように言えます。

「目的」達成につながる「重要な結果指標」をいかに選ぶかが戦略である。

このように、指標を選ぶことは非常に重要なことです。OKRで「重要な結果指標」を決める際には、外してはいけない大切なポイントがあります。

目的と結びついていること

「重要な結果指標」は「目的」達成につながるものでなければなりません。当たり前のように思えるかもしれませんが、案外できていないものです。

いわゆる目標管理では、そもそもの指標選択がその場しのぎになっていることがよくあります。クラウド上で目標管理のサービスを提供する株式会社HRBrainによると、なんと、約8割の会社員が、面談や目標管理シート提出締め切りの直前に、その場しのぎの目標設定をしたことがあると答えています（https://www.hrbrain.jp/news/press/research201810）。

また、一度決めた指標をずっと追いかけ続けているというのもよくあることです。市場、競争環境が激しく変化しているにもかかわらず、以前と同じ指標を追い続けているのです。今現在の「目的」と結びついているかをしっかり確認したうえで「重要な結果指標」を選んでいきましょう。

計測可能であること

メンバーから「今回のイベントはうまくいきました！」と報告を受けた現場リーダー

が「いや失敗だろう。いったい何を考えているのだ……」と嘆いている姿を見たことはないでしょうか？

このようなことは、成功したかどうかの判断基準が人によって違うことによって引き起こされます。これを防ぐためには、判断基準の明確な指標を用意しておくことが必要です。

つまり、**「目的」の達成度合いを測る「重要な結果指標」は、組織内の誰であっても認識がずれない、明確で具体的な判断基準であることが求められます。**主観的、感覚的な基準では人によって異なる判断になるため、事実ベースでの把握が不可欠です。「重要な結果指標」は、計測可能で定量的な指標であることが必要であり、指標を求めるための計算式と判断基準が明確でなければなりません。

容易ではないが、達成可能な水準を目指すこと

指標を選ぶことが戦略である以上、何を指標とするかと合わせて、どの程度を目指すのかを決めなければなりません。

「目的」が満たすべき条件に、「挑戦的であること」「魅力的であること」がありました。「重要な結果指標」はこの達成度合いを測るものなので、高い数値目標である必要があります。

しかしながら、高すぎて到底達成できない数値目標を設定してしまうと、魅力的を通り越してやる気を失わせることになります。ストレッチゾーンにある**容易には達成できないが、まったく無理とも思えないところに「重要な結果指標」を設定する**ことが求められます。

重要なものに集中

人は多くのことを常に意識する、記憶することはできないと言われています。目標設定シートに多くの目標が書かれていても、普段仕事をしている中ではほとんどの目標を意識することなくすごし、上司との面談の前に思い出して慌てて記入するといった経験がある人も多いのではないでしょうか？

指標が多すぎると、それが具体的な内容であったとしても忘れられてしまいます。メンバーの力を集中させなければ高い「目的」は達成できません。**「重要な結果指標」は3個程度（多くても5個まで）に絞り込みましょう。**

「重要な結果指標」が満たすべき条件

“「目的」への結びつき”

「目的」達成の
具体的指針になっている

“計測可能”

成功・失敗の判断基準となる

“容易ではないが達成可能”

成功確率50%くらいの
高い水準となっている

“重要なものに集中”

本当に重要なものに力を注ぐ

なぜ、OKRだとうまくいくのか？

ここまで見てきたように、OKRは、「目的」と「重要な結果指標」の2つの要素からなるシンプルな仕組みです。このシンプルな仕組みが、グーグルをはじめとした多くの成長企業で導入され、成果をあげているわけですが、なぜOKRはうまく機能するのでしょうか？

「共通の目的」に向かうようベクトルが揃う

メンバーが向いている方向性、すなわちベクトルを揃えることが、強い組織づくりには欠かせません。そのためにビジョン教育などを行う企業も多いのですが、OKRにも、ベクトルの向きを揃える力が備わっています。

明確な数値目標を設定していても、「目的」が共有されていないと、ベクトルはどうしてもばらついてしまいます。OKRは、数値で示される「重要な結果指標」だけでなく、組織が目指す方向性、「目的」を示すObjectivesが設定されること、そして、そのObjectivesが全社、部門、チーム、個人でつながりを持って設計されることから、**設定段階ですでにベクトル合わせが徹底されています。**

また、詳細は後述しますが、運用段階においても高頻度で「目的」と「重要な結果指標」の両方をフィードバックすることで「目的」が忘れ去られ形骸化することなく、**ベクトルを合わせ続けることができます。**

目的・目標・進捗が共有される

メンバーが不安を感じていたり、他のメンバーのことを信頼していない場合、組織の力を生み出す相乗効果の部分が、大きくマイナスに傾いてしまいます。

そもそも、不安や、他のメンバーに対する不信感は、どのようなときに生まれるのでしょうか？

先が見通せない夜道を歩くとき、不安を感じ、すれ違う人のことを警戒してしまうものです。同じように、組織内で何が起きているのか見えていなかったり、すぐ側にいる人が何を考えているのかが分からないとき、不安や不信が芽生えてきます。

反対に、組織の様子がはっきりと見通せて、考えていることをお互いに知り合うことができれば、不信や不安は解消されていきます。

京セラの創業者である稲森和夫氏も次のように言っています。

従業員との信頼関係を構築するためには、受注がどれほどあり、それが計画からどれくらい遅れているのか、また利益がどれくらい出て、それがどのように使われているのかなど、会社の置かれている現況について、幹部だけではなく末端の社員にも、よく見えるような「ガラス張りの経営」でなければなりません。

経営の透明性を高め、現場リーダーとメンバーの間はもちろんのこと、メンバー同士もお互いの状況を分かり合えるような状態を作ることができれば、組織内の無用な不安や不信は解消され、信頼関係が生まれていきます。

ここでも、もっと分かり合うようにしましょうと意識改革を訴えるのではなく、仕組みとして実現することが近道なのですが、**ＯＫＲには、その運用において透明性を**

実現するような仕掛けが含まれています。

ＯＫＲの運用においては、各階層（全社、部門、チーム、個人）の「目的」と「重要な結果指標」、そしてその進捗状況のすべてが、**常に、全社員に対して公開されるの**です。

自分の仕事をただの作業と感じるか、組織全体にとって重要な仕事と感じるかの間には大きな違いがあります。組織の歯車として、機械の一部品のように働きたいと考える人は少ないはずです。社会や組織にとって重要な存在であり、その目指しているものに貢献できているという実感ができれば、仕事に充実感ややりがいを感じることになります。

Ｄ・カーネギーの名著『人を動かす』の中で、「人を動かす三原則」の一つとして、「相手に重要感を持たせる」ことがあげられています。しかしながら、組織の中にいると、組織の中で自分が重要な存在であると認識できる機会は、そう多くないものです。

だからこそ、全社から部門、チーム、そして個人に至るまでのＯＫＲを公開し、つながりを常に確認できるようにすることは、すべての人に自分が全社に対して貢献している存在であると認識できる機会を与えることになります。さらには、そうすることで自分以外の人の重要性にも気づくことができるようになります。

このように、運用においてOKRを常時公開することになるので、組織に透明性を持たせ、お互いのことを分かり合おうとする意識を仕組みとして根付かせていくことができるのです。

外部環境の変化にすばやく対応できる

多くの企業で採用されている目標管理のスピードを見ていきましょう。

多くの企業が、1～3か月程度の期間をかけて、前年度末に翌期1年間の目標（と予算）を設定します。そして、その目標どおりに進捗したかどうかを1年かけて確かめていくわけですが、途中のフィードバックは四半期、あるいは半期に1度など年に数回となっています。

市場や競合他社など外部環境の変化のスピードが緩やかな時代であれば、勝ちパターンがある程度の期間通用することが見込めるため、勝ちパターンを模索し、戦略、目標を立てることが非常に有効でした。

しかしながら、VUCA（Volatility［変動性・不安定さ］、Uncertainty［不確実性・不確定さ］、Complexity［複雑性］、Ambiguity［曖昧性・不明確さ］）と呼ばれる先の読めない現在の環境において、同じ勝ちパターンが長期間継続することはありえなくなりました。

もはや、期初に設定された計画を慎重に黙々と実行していても生き残ることはできません。進捗や環境の変化をすばやく捉え、迅速に計画をブラッシュアップすることが求められます。

OKRは、その運用において、3か月ごとに「目的」を設定し直し、週1回の1on1など、高頻度でのフィードバックの実行が求められます。

これにより、個人個人の学習スピードが加速し、組織のスピードが上がります。さらに、進捗管理が高頻度で行われることで目標が形骸化せず、常に組織内で意識されることになります。

組織のスピードが加速すると、失敗や想定外の事態が起こってもすぐに修正できるようになるため、新しい取り組みにもチャレンジしやすくなります。

重要なことに集中できる

目的達成のために、指標を設定することは非常に有効なのですが、指標が多すぎるとまったく機能しなくなります。

カルビーは以前、3000にもおよぶKPI（重要業績評価指標）を設定し、あらゆるデータが週1回更新され、全社員が見られるようになっていたそうです。しかし、確認に4日かかると言われるほどの膨大なデータは、有効利用できていなかったとのことです。カルビーに限らず、指標を重要視するあまり、管理しきれないほどの膨大な指標を設定し、結果として活用できず業績の向上に役立たないといった事例は多々あります。

カルビーでは、指標を16～20ほどにまで絞り、新たな指標を導入しようというときには、他の指標を削るように方針を変えることで、低迷していた業績が向上したとのことです。

また、アップルの創始者である故スティーブ・ジョブズ氏も次のように言っています。

方向を間違えたり、やりすぎたりしないようにするには、まず本当は重要でもなんでもない1000のことにノーと言う必要がある。

優先すべき本当に重要なことに集中することで、強い組織となります。

戦略とは捨てること、何をやらないかを決めることと言われることもあります。

OKRには、1つの「目的」と3～5個の「重要な結果指標」に絞り込むことで、集中すべきことを明確にする効果があります。

高い目標を掲げることができる

第二次世界大戦後、アメリカとソビエト連邦がさまざまな分野で競い合いました。宇宙開発競争もその中の一つ。先に有人月面着陸を成功させたのはアメリカでした。

アメリカの有人月面着陸成功の最大要因が何だったか、ご存じでしょうか？

それは、1961年5月に、ジョン・F・ケネディ大統領が次のような目標を設定し、宣言したことにあると言われています。

10年以内に月面に人類を着陸させ無事に地球に帰還させる

アポロ計画と言われるこの計画は、当時の常識、技術レベルからすると、あまりにかけ離れた壮大で困難なものでした。しかし、実際には、この宣言をした8年後に、目標は達成されました。

このことから、将来の理想に基づき、斬新で実現は容易ではない課題に挑戦することを「ムーンショット」と呼ぶようになりました。

OKRでは、挑戦的で魅力的な「目的」を設定することが求められます。これはまさに、ムーンショットを目指すということです。

現在の延長線上ではなくさらにその上を目指すことの重要性について、ファーストリテイリング会長兼社長の柳井正氏は、次のように述べています。

最高にうまくいったら、全部大成功したらどうなるかというのをまず考える。人が力が出るのは、大成功したときですよ。大成功して全部うまくいって、すべての人がハッピーになった姿をまずイメージしないといけないと思う。

https://style.nikkei.com/article/DGXMZO98503150W6A310C1000000?channel=DF180320167090

また、営業組織などでしばしば見られる光景に、締め日の数日前に予算を達成してしまい、来月や次年度の予算を意識して残りの数日は手を抜く、というものがあります。高い目標を掲げているからこそ、もっと上へ、さらに上へと努力を重ね、それがやがて圧倒的な差を生むことになります。

楽天の三木谷会長兼社長は著書の中でこう述べています。

誰もが努力をしているのが、競争社会の前提だ。限界まで頑張ることは、誰にでもできる。限界まで頑張ったその上に、さらに0・5%努力を重ねられるかどうか。限界の上に積んだ0・5%は、決定的に大きな差になる。なぜなら、その僅かの差を敏感に感じ取ってしまうのが、人間の感性というものの性質だからだ。

『成功の法則92ヶ条』
三木谷浩史著　幻冬舎

COLUMN

ムーンショットを掲げないほうがいいケース

業績のマイナスが続いて苦戦している組織では、ムーンショット発想での目標設定は危険です。苦境に立たされているときに高すぎる目標に直面すると、一発逆転狙いになり、組織をさらなる苦境に立たせる事態になりかねません。

また、メンバーは目標未達成が続き自信を失っています。そのため、壮大な目標を掲げても前向きにはなりにくく、どうせまた未達成に終わるに決まっていると諦めムードになってしまいます。

そのようなときは、ムーンショットではなく、スモールゴールで小さな成功を目指し、それを達成することで、組織に自信と勢いをつけることを優先させましょう。

現場リーダーにとってのOKRのメリット

OKRが組織を強化するのに役立つ理由は先述のとおりですが、現場でメンバーを率いるリーダーにとってはどんなメリットがあるのでしょうか？

多くの場合、プレーヤーとしての実績、能力の高い人がリーダーに抜擢されます。そのため、組織を率いるためのリーダーシップ、マネジメントの能力、経験は十分ではないことがほとんどです。

OKRには強い組織づくりに必要な要素が仕組みとして組み込まれているため、経験の少ない現場リーダーにとっても、強力な味方となってくれます。

戦略の立案と整理ができる

リーダーはチームをどこにどう導くか、という戦略を立てなければいけません。しかしながら、戦略を立てることはリーダーにとって困難な仕事の一つです。**リーダーがチームのOKRを設定するプロセスは、戦略を明確に整理するプロセスとも言えます。**

「何を達成したいのか？」「どのように目的を達成するのか？」、この2つの問いに答えることがOKRだと、本章のはじめに述べました。

現在地から目的地に到達するための手段を戦略と呼ぶならば、OKRにおいては、「目的（O）」達成につながる「重要な結果指標（KR）」をいかに選ぶかが戦略である、と言うことができます。

リーダーは自社、競合、市場の現状分析や将来予測から戦略を立てることになりますが、メンバーが理解し、実行できる戦略でなければ意味がありません。

立てた戦略をOKRに変換できない場合は、戦略が十分に練られていない、絞り込まれていない、具体性に欠けている、などの問題があります。つまり、「目的」と「重要な結果指標」を設定することで、戦略の完成度を認識することができるのです。

リーダーシップを発揮しやすくなる

「チームをどこに導くか？」、つまり、組織の共通の目的を示すことが、リーダーシップの第一歩です。

方向性を示すためには、コミュニケーション能力や人間力が必要だと言われますが、経験の浅いリーダーにこれらの能力が問題なく携わっていることは稀です。しかも、これらの能力は抽象的であると同時に、メンバー構成や外部環境によって効力が変わる状況依存的なものです。何か特定のものを身につければうまくいくというものではなく、経験を積んでいく中で磨かれていくものなのです。

だからといって、経験が浅いのだから仕方ないというわけにはいきません。現場リーダーは、それでもリーダーシップを発揮しなくてはなりません。

OKRは「目的」を明確に示すことで、リーダーシップの第一歩を、仕組みとしてサポートしてくれます。OKRで設定した「目的」を発信し続けることで、メンバーは方向性を見失わなくなります。また、「目的」に向かって進んでいることを常に意識させることにもなり、メンバーに充実感ややりがいを認識する機会を与えます。さらには、OKRという共通言語を持つことでメンバーとの認識のずれを防ぐことにもなり、チームを共通の目的へと向かわせる、すなわち、リーダーシップを発揮することへとつながります。

ほどよい緊張感を保つことができる

チームメンバーは、望もうが望むまいがリーダーからさまざまな管理、指示、ときには注意を受けます。一方、リーダーになると裁量が大きくなり、自分で決めて動けるようになります。その反面、自分を甘やかしていても注意を受けることはあまりありません。

そのような状況下で、弱い気持ちが出てくることもあるはずです。

OKRは常に公開されるものであり、組織に透明性を持たせる仕組みです。リーダーはチームの進捗状況をメンバーだけでなく、他の多くの人に見られることになります。そのため、意識を高めて弱い気持ちを抑えるのではなく、**仕組みとして緊張感を保つ**ことができます。

マネジメントを仕組み化できる

どのようにしてメンバーに目標を達成させるかについて、プレーヤー時代に実体験として学ぶことは難しく、また、研修などですぐ身につけられるスキルというわけでもありません。

OKRは、メンバーのマネジメントについて、仕組みとリズムを与えてくれます。そのため、マネジメント経験の浅いリーダーにとって非常に強力なツールになります。

詳しくはOKRの運用のところで紹介しますが、「目的」や「重要な結果指標」を設定する手順やフィードバックの方法がある程度定型化されていることから、経験の多寡によらずうまくマネジメントしていける仕組みとなっています。

マネジメントにおいてコミュニケーションが大切であることは誰もが知るところですが、残念ながら難しいことも事実です。

OKRという共通言語を持つこと、そしてその共通言語をリーダーが率先して使うことで、チームにとって重要度の高い目的、目標、戦略が、認識のずれなく伝わり、メンバーに正しい理解を生むことになります。

メンバーの創造性を引き出せる

戦略は実行にこそ価値がありますが、リーダーの考えたとおりに実行するのではなく、多様なメンバーの意見や発想を引き出し、よりよいものにブラッシュアップしていくことでより価値が高まります。

OKRはこの過程でもリーダーを強力にサポートしてくれます。

OKRを導入しているメルカリのプロダクトオーナーは、「ゴールが大粒なので、打ち手に対する発想も大胆になれることが多い。」(https://careerhack.en-japan.com/report/detail/755）とOKRのメリットを語っています。

「目的」は定性的なメッセージとして表現されるため、定量的な数値目標に比べて粒度が粗く、解釈に幅が出てきます。人によって解釈の幅がでることはネガティブなことのように見えるかもしれませんが、提示した方向に向かっている限り、解釈の幅はプラスに働きます。

たとえば、「この『重要な結果指標』ではなく、こちらの『重要な結果指標』のほうが良いのでは?」といった目標そのものの改善提案や、「この『重要な結果指標』を目指すのであれば、こんな打ち手もあるのでは？」といった新しいアプローチの提案が可能となります。

メンバー自身で考える余地が残されていることで、それぞれが主体的に目標に向かうことができます。つまり、部下の持っている能力、意欲、創造性を最大限発揮させるエンパワーメントを促進してくれる効果があるのです。

経営者の感覚に近づくことができる

リーダー、すなわち、経営幹部や管理職になっている人は、当然ながら組織から高い評価を得ています。しかしながら、多くの経営者はリーダーに対して「経営者感覚を持っていない」「経営者の立場で考えられていない」といった不満を抱いています。

なぜなのでしょうか？

従来の、人事評価を主目的とした目標管理では、高い目標を掲げることは査定を不利にしてしまいます。そのため、おのずと保守的な目標設定をすることになります。そのため、従来の制度のもとで評価が高い人というのは、高い目標を自ら掲げることが不得意なのです。

また、経営者が目的を考え、落とし込み、絞り込んだ目標の達成を使命としてきたため、自ら目的を考える必要も、重要度に応じた取捨選択も必要ありませんでした。皮肉なことに、経営者がリーダーに求めるのはまさにこの点、自ら目的を考え、高い目標を掲げることなのです。

OKRを導入すると、「目的」を掲げ、絞り込まれた高い目標（重要な結果指標）を設定することになります。言うなれば、自チームを経営するミニ経営者になります。もちろん、経営者や上層部からすべての権限が委譲されるわけではないので経営者とは立場が違いますが、経営者の感覚に近づく経験を得ることには変わりません。

COLUMN

OKRとMBO

MBO（Management by Objectives）も、OKRと同様に組織の目標と個人の目標をリンクさせることで、組織と個人の成長を目指す制度として提唱されたものです。そして、現在の日本企業の多くで、人事評価、査定のツールとして使われています。目標管理の仕組みとして広く使われているMBOの実態と、OKRとの違いを見てみましょう。

目標管理の目的

MBOとOKRの一番の違いはその目的にあると言えます。MBOを使用する主目的は人事評価、査定になっていることが一般的です。

一方、OKRの主目的は組織の成長であり、組織の高い目的を達成することです。

そのため、OKRの運用にあたっては、「重要な結果指標」の達成度と人事評価、査定とは切り離すことが求められます。

目標の設定頻度

MBOの運用における目標の設定頻度は、1年に1回が一般的です。年度の開始時期に目標を定め、年度末に評価をして、翌期の設定を行うというサイクルです。

一方、OKRは通常3か月に1回のサイクルで設定を行います。環境変化の激しい世の中では、それに合わせて計画や目標も変化するべきであり、その修正、変更を仕組みとして織り込んでおくという思想に基づいています。

進捗管理の頻度

MBOでは、上期、下期にそれぞれ1回程度、上司から部下にフィードバックが行われることが一般的です。そこでよくあるのが、上司も部下もそのときになって年初に作成した目標管理シートを見直して思い出すこと。つまり、目標が忘れ去られ、形骸化してしまっています。

これに対してOKRは、週に1回など高頻度のフィードバックが求められます。1on1を行ったり、毎週決まった曜日にチームで振り返りを行うなど、具体的なやり方は導入企業によってさまざまありますが、高頻度のフィードバックで常にOKRを意識し、目標に集中して取り組めるようにします。

目標と進捗の公開範囲

ＭＢＯの主目的は人事評価であり、目標とその進捗は上司と部下の間でのみ共有されています。周りの人、他のチーム、会社全体の目標や進捗状況が分からないため、部分最適に陥る危険性があります。

一方ＯＫＲでは、常時、社員全員に情報が公開されます。透明性が高く、周囲の状況を把握することができることから、健全な競争や協力が起こりやすくなります。また、自分の仕事が会社全体の目標にどうつながっているのかを理解できるため、仕事に対する重要感、やりがいも高まりやすくなります。

目標達成の基準

ＭＢＯでは、当初の目標を上回るかどうかが評価の分かれ目になります。高い目標を立てて高い成果をあげたとしても、達成率が１００％未満の場合、低い評価がつけられてしまいます。また、１００％を超える場合には、前期の達成度が翌期の目標の基準値となることから、あまり大きく超えないようにセーブしようという考えの人も現れます。

MBOとOKR

MBO		OKR
人事評価、査定	目的	組織の成長
現実的 保守的	設定水準	挑戦的 未来志向
年1回	設定頻度	3か月に1回
年数回	進捗管理	毎週 フィードバック
上司と部下の 間のみ	公開	全社、全員
100%	合格基準	60〜70%

ＯＫＲは、大きな成功をベースに、非常に挑戦的な目標を立てることが求められます。そのため、目標を達成できないことがよくあります。実際の運用においては、「重要な結果指標」の60～70％に達していれば合格、という判断をするのが一般的です。

逆に、達成率がいつも１００％を超えるという場合は、「目的」や「重要な結果指標」の設定が挑戦的ではなかったことを意味します。

OKR for LEADERS

第5章
OKRの始め方

CHAPTER 5. OKR IMPLEMENTATION

覚悟する

ＯＫＲを始めるに際し、「なぜＯＫＲを導入するのか」ということにきちんと答える必要があります。

ＯＫＲは、シンプルでありながら多くのメリットを提供してくれます。ただし、それが組織が現段階で抱えている課題を解決してくれるかどうかはきちんと見ておくべきです。どのような課題を解決しようとしているのか、それは本当に優先度の高いことなのかをしっかりと検討するのです。

間違っても、「グーグルやメルカリが導入しているから」「ベンチャー企業に向いているらしいから」といった理由で始めようとしてはいけません。今抱えている課題、今後向かう未来にとってＯＫＲが不可欠であると具体的かつ明確に言えることが、ＯＫＲを始めるときの正しい態度です。

そして、導入するのが適しているとなれば、リーダーが導入の決断をしなければなりません。

OKRは、組織を大きく変える力を持っていますが、どんな優れた仕組みであっても、これまで使い慣れた仕組みから変更するとき、戸惑いや反発が起こります。

OKRを導入することで、これまでの目標管理を含めた何らかの制度や運用に影響が出てきます。もちろん、その導入は丁寧に行っていく必要がありますが、多少の戸惑いや反発があったとしても、リーダーにはやり切る覚悟が必要です。

さらに言うと、導入してすぐの四半期で高い効果を実感することは、あまり期待できません。OKRは、原則を守りながらも組織に合わせて柔軟にチューニングしていってこそ強固なツールとなります。半年から1年かけて設定と運用を繰り返し、自組織に合った仕組みに磨き上げていくものなのです。

リーダーには、すぐに効果が出ないからと簡単にあきらめず、ブラッシュアップし続ける覚悟も求められます。

ミッション、ビジョン、バリューを浸透させ、戦略に落とし込む

組織には「共通の目的」が必要であると何度もお伝えしていますが、「共通の目的」を語るときによく使われるのが「ミッション」「ビジョン」「バリュー」です。まずはそれぞれが何を意味するか、簡単に押さえておきましょう。

ミッション

ミッションとは「使命、任務、役割」などと日本語で訳されるものです。リーダーは組織が果たすべき「使命、任務、役割」を明確にする必要があります。

なぜなら、果たすべきと考えているミッションが組織外の誰からも必要と感じられないものであるならば、組織は存在することができないからです。そのため、ミッションは**組織の「存在意義」**とも言われます。

ビジョン

ビジョンは「夢、未来像、将来像」などと日本語で訳されるものです。組織を語る際には、長期的な目的、組織が目指す将来の理想の姿を意味するものになります。**ミッションに基づいた活動を行う中でどこを目指すのかを示すもの**がビジョンになります。

バリュー

バリューは、「価値、評価、価値基準、価値観」などと日本語で訳されるものです。ミッションに基づいてビジョンを目指すうえで、**組織として大切にすべき価値観**がバリューです。バリューは、メンバーが行動するうえで持つべきものであることから、行動指針として示されることもあります。

ミッション、ビジョン、バリューを繰り返し発信する

組織に不可欠な共通の目的を分化して示した「ミッション」「ビジョン」「バリュー」ですが、当然ながらこれらを決めただけでは何も起こりません。組織の隅々まで浸透させ、実際の活動に反映させてこそ価値を生みます。

これらを浸透させるために、トップはしつこいと思われるくらい繰り返し発信を続ける必要があり、**現場リーダーは、そのトップの言葉を現場に落とし込む「翻訳」をしたうえで発信していくことが求められます。**

つまり、組織全体のミッションを果たしていこうというときに、必要な役割ごとに分けられた各部門・チームは、果たすべき役割を明確にしていかなければならないということです。そして、その役割こそ、部門・チームのミッションとなります。「翻訳」というのは、部門・チームのミッションを明確にしてメンバーに伝えていくこと

を意味します。

自分の率いる部門・チームが目指す方向の先に組織の共通の目的があることをメンバーがしっかり理解し、ベクトルを揃えて行動できるようにすることが現場リーダーの役割になります。

ミッション、ビジョン、バリューを実現するのが戦略

経営戦略とは、組織の目的をどのように達成するのかという手段を示したものです。つまり、「ミッション」「ビジョン」「バリュー」の下位概念として戦略は位置づけられます。

事業戦略や機能戦略（物流戦略、人事戦略など）も同じことで、それぞれの目的をどのように達成するのかという手段を示しています。

どのような戦略であっても、目指すべき目的のない状態で立案することは不可能です。

また、経営資源には限りがあるため、実行できる戦略も限られます。「やったほうが良い」ことがたくさんあるからこそ、**「やらなければならない」ことを明確にして決断することが戦略となります。**

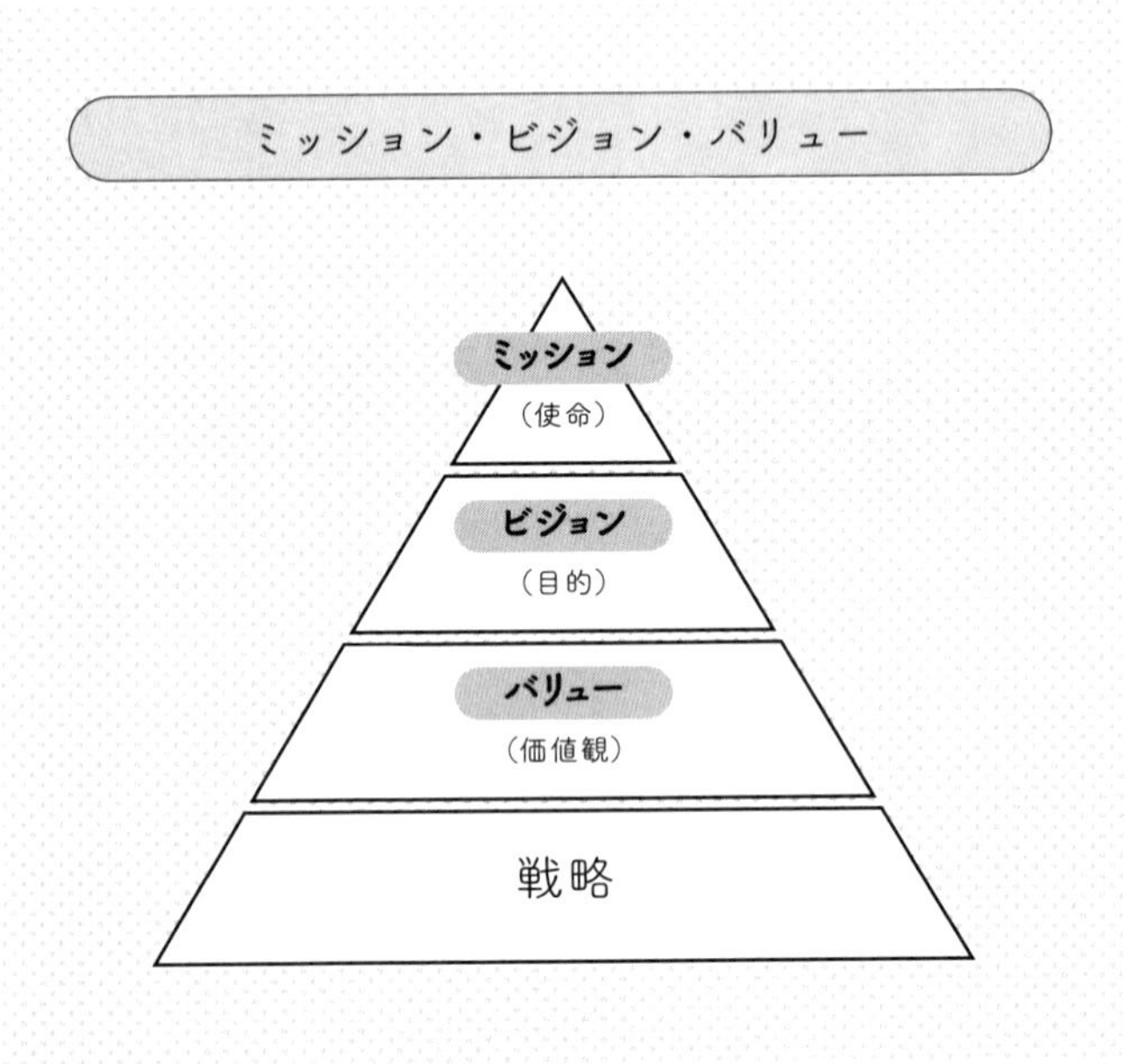
ミッション・ビジョン・バリュー
ミッション
（使命）
ビジョン
（目的）
バリュー
（価値観）
戦略

Yahoo! JAPANのミッション・ビジョン・バリュー

具体例を一つ紹介しましょう。

Yahoo! JAPANはインターネットの力で日本のあらゆる課題を解決する「課題解決エンジン」をミッションに掲げています。そして、「UPDATE JAPAN」というビジョンを持ち、それらを実現するための5つのヤフーバリューを定義しています。

ミッション — Mission —

Yahoo! JAPANは情報技術で人々や社会の課題を解決してきました。

今後も、人々や社会にとっての「課題解決エンジン」として、さまざまな事業を通じて課題解決を行い、世の中に貢献します。

ビジョン ― Vision ―

インターネットの力で日本を希望あふれる社会に変えていくために、さらなるチャレンジを行ってまいります。

バリュー ― Value ―

日本のあらゆる課題をインターネットの力で解決し続けていくために、「従業員がどのような価値を大事にし、いかに仕事をすべきか」を5つのヤフーバリューとして掲げています。

「All Yahoo! JAPAN」
「個のチカラ」
「発見・提案・改善」
「圧倒的当事者意識」
「やりぬく」

ヤフーバリューを体現し、常にユーザーのために進化し続けていく存在でありたいと考えています。

（https://about.yahoo.co.jp/info/mission/）

Yahoo! Japanのミッション

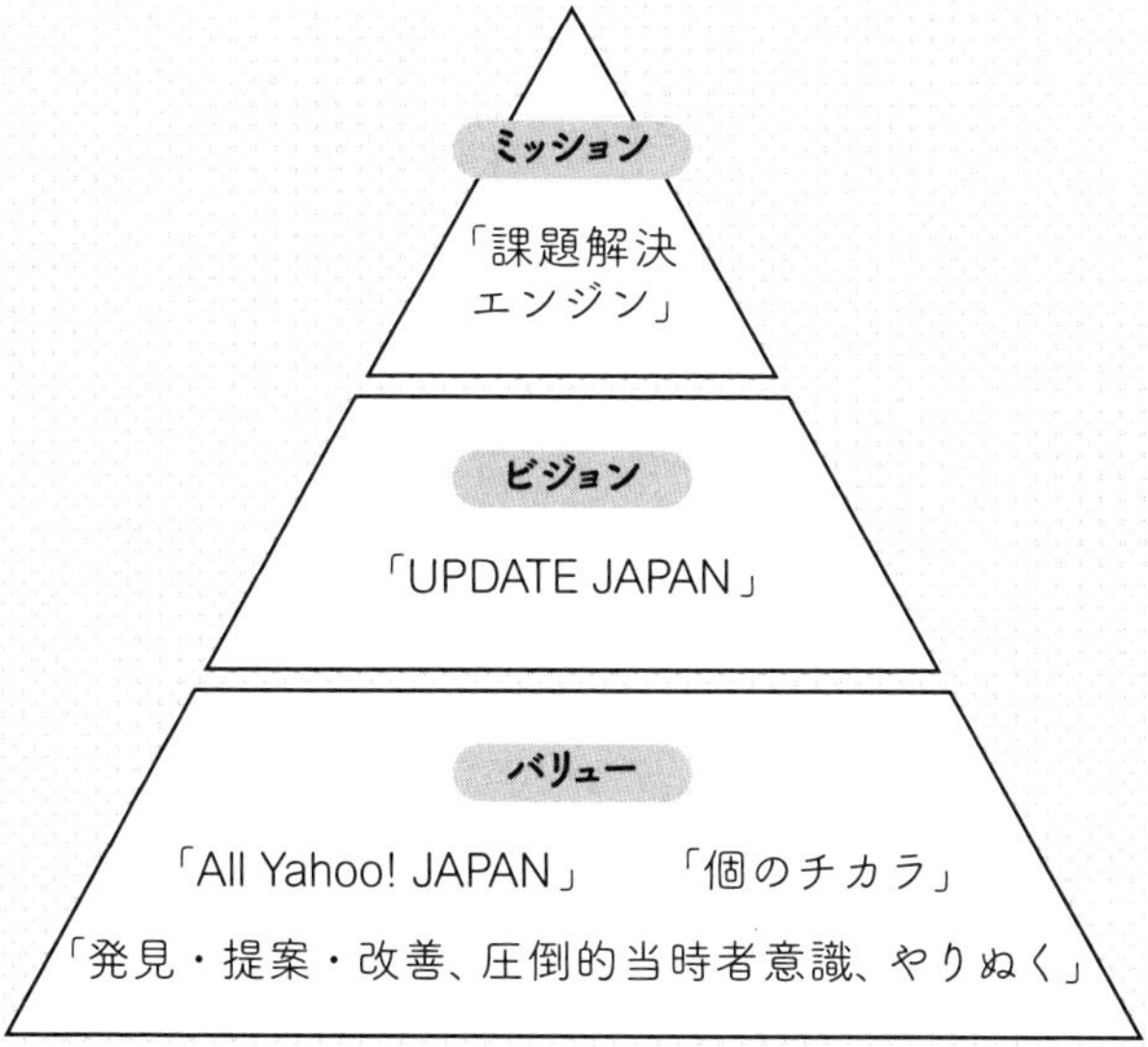

事業コンセプトを整理する

「共通の目的」の理解を深めるには、自分たちが行っている事業が、どこの市場にいる誰にどんな価値を提供しているのかという事業コンセプトを理解することが欠かせません。

コンセプトというのは「概念、構想」という意味で、事業の概念、構想の中核をなすものが「事業コンセプト」です。

ミッション、ビジョン、バリューや戦略とも密接に関連してくるものなのですが、一言で言えば、自分たちが現在（もしくは近い未来）行っている事業を端的に表すものが事業コンセプトです。

リーダーは、ＯＫＲに取り掛かる前に、事業コンセプトを整理してまとめておく必要があります。

事業コンセプトは、どこの市場にいる誰にどんな価値を提供しているのかというものなのですが、価値を提供される側は、実際に利用するまで本質的な意味で提供価値を実感することはできないので、提供価値のベネフィットを信用してもらうことが必要です。さらに、信用してもらった価値を実際に提供するための方法や資源がなければいけません。

具体例として、特徴的なコンセプトで急成長したライザップについて、筆者がまとめた事業コンセプトを紹介します。

事業コンセプトは「結果にコミットするパーソナルジム」。

ダイエット市場で、ダイエットに挫折してきた人に対して、確実に痩せられるという価値を提供しています。顧客は、体験者のビフォーアフターや結果が出ないと返金するという制度でその価値を信じます。

そして、ライザップは、マンツーマンでの徹底指導と食事指導でその価値を届けていきます。

これを、「事業コンセプトシート」としてまとめたのが次の表です。

事業コンセプトを明確にすることで、たとえば現場のトレーナーが、きつい指導で戸惑っている顧客に対して「きついトレーニングはやめて軽い運動を楽しんでもらうこと」で顧客満足度をあげようと考えたとしても、それは結果にコミットしていることにはならないと思い直すことになります。

つまり、**事業コンセプトを明確にしておくことで、方向性のズレが起こらないようにできるのです。**

事業コンセプトシート

事業コンセプト 一言でいえば何か	結果にコミットする パーソナルジム
市場 どんな市場で戦っているか	ダイエット市場
ターゲット 主要顧客は誰か	さまざまなダイエットを してきたが挫折してきた人
提供価値 顧客が受ける メリットは何か	確実に痩せることができる
価値根拠 顧客はなぜ提供価値の ベネフィットを信じるか	体験者のビフォーアフター 結果が出ないと返金する 制度
提供方法、資源 提供価値をどのようにして 実際に顧客に届けるか	・マンツーマンの 徹底指導 ・食事指導

（著者作成）

「目的（O）」を設定する

学生時代、授業を聞いて理解したつもりでも、いざ問題を解こうとするとまったく解けなかった。そんな経験はないでしょうか？

OKRも同じで、内容を正しく理解したとしても、いざ自分たちで設定しようとするとうまく設定できないことがよくあります。こうすれば必ずうまくいく、という方法論はありませんが、OKRを設定しやすくするコツがいくつかあります。

これまでのストーリーを全員で振り返る

リーダーがこれまでの経緯や会社の歴史に関係のない目的を唐突に掲げたら、メンバーはどのように受け止めるでしょうか。リーダーの思い付き、気まぐれだと感じ、自分たちに関係あることだとは思わない可能性があります。そうなっては、「目的」を目指すパワーが出せないだけでなく、リーダーとの信頼関係にも悪い影響がでてきます。

そうならないためには、これまでの経緯、組織の現状、市場の展望などに根差した**一連のストーリーを振り返ってみる**ことです。組織への加入時期が異なるメンバーからなるチームの場合、過去を共有することで一体感を醸成することもできます。

ミッションを身近な言葉に置き換える

組織にとって利益、業績はとても大切ですが、利益や業績だけが目的になってはいけません。社会の役に立っているなど自分たちの活動の意義を振り返ることで、やりがいを感じることができます。

たとえば、大成建設株式会社のキャッチコピーである「地図に残る仕事。」は、まさに社会の役に立っていることを伝える言葉です。実際の仕事は、企画、設計、現場管理、購買、経理などさまざまだと思いますが、それらすべてが「地図に残る仕事。」につながっているのです。

この言葉のように、目的や方向性に意義を感じることができれば、メンバーが全力で協力しあって目標の達成に向かっていきます。組織全体のミッションは多くの場合壮大で身近なものではありませんが、それを**身近に感じられる言葉に置き換えてみる**ことで、チームの「目的」を考えるヒントが得られます。

何が実現されたら最高のほめ言葉をもらえるかを考えてみる

「すばらしい！　期待以上だ！」と顧客が大喜びしている状況を想像してみましょう。その際、顧客を具体的に思い浮かべ、「○○さんが○○と言ってくれた」と**顧客のほめ言葉をリアルに想像してみて、そのときにいったい何が実現されているか**、チームで考えてみてください。うまくいけば、「目的」が設定できるだけでなく、チームに前向きな姿勢も醸成されます。

「○○するぞ！　大作戦」など、作戦名を考える

創造性を高めようとしたとき、ユーモアや遊び感覚が大きな力になります。そこで、「**○○するぞ！　大作戦**」などの言葉をもとに考えてみることで発想の幅が広がります。

「競合A社の弱点を攻めまくるぞ！　大作戦」などと決めれば、「競合A社の弱点である中小企業を中心に、トップシェアを奪う」といった「目的」の設定が可能です。

「重要な結果指標（KR）」を設定する

「目的をどのように達成するのか？　目的との距離をどう把握するのか？」を示す指標が「重要な結果指標（KR）」で、①目的と結びついていること②計測可能であること③容易ではないが、達成可能であること④絞り込まれていることが求められます。

安易に設定するとOKRを導入するメリットを奪い去ってしまいますので、次の点に注意しながら設定していきましょう。

まず、何を目指したいのかを決める

現場で仕事を行う際には「どのように」行うか手段を決めなければなりません。しかし、**「重要な結果指標」を設定する際は「どのように」という手段からではなく、「何を目指したいのか」を考えます。**

たとえば、「新しいアプリの発売を大成功させる」ことを目的にした場合、「キャンペーンを行う」「SNSでバズらせる」といったことは「どのように」になります。そうではなく、「1日100件の無料ダウンロード」など「何を目指したいのか」を先に決めなければなりません。

手段から考えてしまうとどうしても積み上げ型になってしまうため、新たなアイデアを生みにくくなってしまいます。挑戦的な水準で「何を目指したいのか」をまず決めることで、「どのように」達成するかについての新しいアイデアが出てきます。

現在測定できているものを指標の前提としない

「重要な結果指標」を、現在測定されているものの中から選ぼうとするのは、あまり良い方法ではありません。現在測定できているものを前提にすると、指標が現在の延長線上のものにしかならないからです。

指標を測定する効率や是非は検討する必要がありますが、まずは**本当に「目的」につながる指標は何か**という視点で検討してください。

ただし、測定することが目的ではありませんので、測定のためだけに労力をかけすぎないようにもしましょう。

「結果指標」を中心に設定する

本書では、ＫＲのことを「重要な結果指標」と訳して紹介しています。その理由を説明しましょう。

指標には「行動指標」と「結果指標」の2種類があります。

行動指標とは、「１００人に営業メールを送る」「毎週5本ブログ記事をアップする」など、どれだけ行動したかを表す指標のことです。

これに対し結果指標とは、売上1億円、１００万ページビューなど、行動した結果を測る指標です。

結論から言えば、**ＫＲには、可能な限り結果指標を中心に採用することが望ましい**です。なぜなら、最終的な「目的」は結果に基づくものであり、ＫＲに行動指標を設定しても、目的に到達したか判断がつかないからです。

また、結果指標を提示することは、メンバーの行動を縛ることなく、それぞれに創意工夫を求めることになります。行動指標をＫＲに設定すると、その行動をすること自体が目的化してしまい工夫が生まれません。KRに行動指標を設定する場合は、かならず結果指標とセットにすること、行動することのみが目的化しないようにすることに気をつけてください。

行動指標を運用するときは、後述する週初めのミーティングで、とるべき行動を週次で行動指標に落とし込むようにします。そうすることで、行動指標に基づいて動いたのにもかかわらず結果指標が伴わなかった場合に、柔軟に行動指標を変更することが可能になります。

現状を明らかにして、期限を切る

何を「重要な結果指標」とするかが決まれば、次は具体的な内容を決めます。ここでありがちなのは、目標数値だけを決めることです。

旅行の行程は、目的地だけでは決まりません。現在地があって初めてそこへ至る道筋がはっきりとします。「重要な結果指標」も同様で、**現状の数値と目標数値の両方**を明らかにしなくてはなりません。

同時に、いつまでに目的地にたどり着きたいのか、つまり、**期限を決めておく**ことも必要です。「なるべく早くお願いね」「大至急でよろしく」「できるときにやっといて」といった伝え方だと、締め切りについての解釈に差が生まれ、時間という経営資源を無駄遣いしてしまいます。

指標の計算方法を明確にする

「重要な結果指標」の解釈が人によって異なると、その意味が薄れてしまいます。そういった事態を避けるために、**指標の計算方法を明確にしておく必要があります。**

たとえば、新規顧客数を指標とした場合、無料サービスの利用者は含めるのかどうか、別サービスの利用者は含めるのか、など細かく考えておく必要があります。

一見解釈の幅がないような指標であっても、人によって捉え方が変わることがあります。計算方法は設定段階で明確にしておきましょう。

目的達成に対する影響の大きさと影響を与えられる範囲で絞り込む

「目的」に到達するためには3～5個に「重要な結果指標」を絞り込む必要があります。絞り込むときには、どの指標が最適であるかを考えていくのですが、「最適」には

2つの側面があります

一つ目は目的達成に対する「影響の大きさ」です。**その指標を伸ばすことが、他の指標に比べてより目的に近づけるというものを選ぶ**のです。

もう一つは「影響の範囲」です。たとえば、ある店舗の売上にもっとも影響するのが「新規顧客数」だったとします。しかしながら、その店舗の新規顧客数は、テレビCMの有無でほぼ決まります。このような場合に、CMに関与できない店舗の「重要な結果指標」に「新規顧客数」を含めても、対策を打つことはできません。こういった場合、たとえば「新規顧客リピート率」を設定するなど、影響を与えられる部分で何ができるかを考える必要があります。

ただし、100%完全に自分の影響のみで左右できるものはほとんどありませんので、**できるだけ多くの影響を与えられるものを選ぶ**ようにしましょう。

KR設定例

対象項目	月間新規客数
現状	100人
目標（大成功）	200人
目標（合格）	160人
期限	3か月後まで
算出式	有料サービス新規利用客数：無料利用者、別サービスの利用者は含めない

COLUMN

OKRの設定例

ここまで解説してきたように、OKRは単体で成り立つものではなく、事業の性質、方向性が違えば当然違う設定になります。またメンバーがどういったものを魅力的に感じるかは組織文化やメンバー構成によっても変わるでしょう。

そういった前提のもとではありますが、OKRの設定例をご紹介いたしますので、参考にしていただければと思います

OKRは、左図のような階層構造をとります。全社、部門、チーム、個人それぞれがOKRを持つというのが理想ですが、まずは一部にだけ導入するという方法もありますので、組織の状況に合わせて導入範囲を考えていってください。ここで大切なことは、最上位層から順にOKRを設定していくことです。全体の力を集中させるべきポイントである最上位層を固めておかないと、目的となるポイントが定まらず、下位層の進むべき方向がばらついてしまうからです。

OKRの階層構造

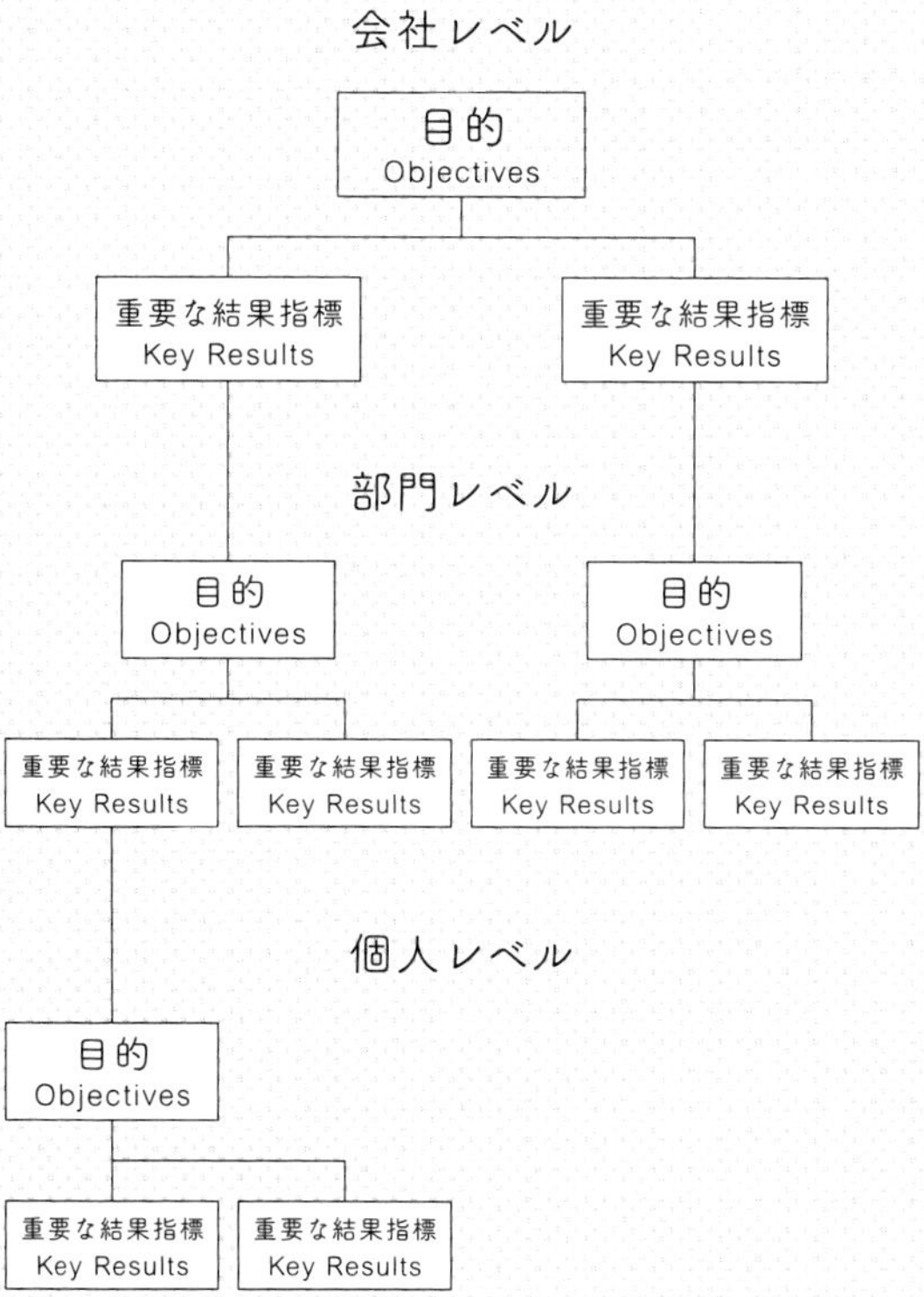
会社レベル
目的
Objectives
重要な結果指標
Key Results
重要な結果指標
Key Results
部門レベル
目的
Objectives
目的
Objectives
重要な結果指標
Key Results
重要な結果指標
Key Results
重要な結果指標
Key Results
重要な結果指標
Key Results
個人レベル
目的
Objectives
重要な結果指標
Key Results
重要な結果指標
Key Results

全社レベルOKR

O：大企業ユーザーを中心に攻略し、業界シェア○位になる
KR①：大企業向け売上○円
KR②：その他売上○円
KR③：利益率○％
KR④：製品認知度○％

O：3年後のトップシェア獲得を目指して、基盤を確立する
KR①：利益率○％
KR②：CPO○円以下の集客手段の確立
KR③：退職率○％

O：新発売する○○を大成功させる
KR①：新規購入者数○人

KR②：リピート率○％
KR③：新規採用○人

部課レベルOKR

（営業部門）
O：セミナー営業により大企業を徹底攻略する
KR①：全セミナーの大企業参加社数○社
KR②：受注率○％
KR③：大企業向け売上○円

（インサイドセールス部門）
O：業界最高水準のインサイドセールスを立ち上げる
KR①：○月までにインサイドセールス部門を立ち上げ
KR②：○月までにKPI決定
KR③：○月までにマニュアル作成完了

（調達部門）
O：ゼロベースで見直して安定調達できる体制を築く
KR①：○月までに調達方法見直しリストの作成
KR②：○月までに新条件での契約締結
KR③：欠品率○%

（製造部門）
O：製造工程見直しにより業界最低水準の原価率を達成する
KR①：○月までに製品行程見直し
KR②：製品原価○%
KR③：不良発生率○%

（開発部門）
O：○月正式リリースに向けたベータ版をリリースする

KR①：○月までに内部テスト終了
KR②：○月までにベータ版リリース
KR③：バグ検出率○%

（人事部門）
O：○○分野で成長できる人材を確保する
KR①：○人の応募者を集める
KR②：○人を採用する
KR③：リファラル採用比率○%

（総務部門）
O：オフィス環境を整備し、働きやすさを倍増させる
KR①：社内FAQの利用率○%
KR②：○月までにリモートワーク制度を導入する
KR③：社内書類の○%をペーパーレス化

（経理部門）

O：経営陣にタイムリーな経営情報を提供する

KR①：月次決算○日短縮

KR②：月次分析資料提出○日短縮

KR③：簿記資格取得者○人

OKR for LEADERS

第6章
OKRの運用

CHAPTER 6.　OKR MANAGEMENT

運用の基本はフィードバック

ミッション・ビジョン・バリュー・戦略に基づきOKRを設定できれば、いよいよ運用がスタートします。OKRを運用する段階では、設定したOKRの進捗を管理していくことになります。

しかし、ただ進捗を管理するだけでは、目標の達成も、成長もなかなか見込めません。進捗管理だけではなく、メンバーを「巻き込み」ながら、しっかり「振り返り」をすることで組織は成長していきます。成長し、**成果を残すために不可欠な仕組みが、フィードバックです。**

進捗確認をする際、結果が良い悪いといった状況の確認だけに終わってはいないでしょうか？ また、結果を見ても、あとは自分で考えるようにと任せきりにしていることはないでしょうか？

フィードバックで求められるのは、結果を見たうえで次の行動をどうするかを決めて、立て直すことです。そして、立て直しでつくられる次の行動が、行動指標に落とし込まれるなどして、その検証が迷いなくできるようにしておくことも重要です。

フィードバックはできるだけ早く

フィードバックを「適切」に行うためには、「情報通知」と「立て直し」という2つの「機能」を果たすことのほかに、**「タイミング」も重要**です。

「情報通知」は、タイミングを逃すと効果を発揮しません。まず、通知される情報が過去のものになっていては、役に立ちません。また、受け入れる側の感情的にも、タイミングはできるだけ早いほうがよいでしょう。時間が経ってから情報通知をされた場合「何を今さら……」「そのときに言ってほしい……」と、素直に情報を受け取れなくなります。

「立て直し」についても同様です。タイミングが遅くなればなるほど状況は悪化します。できるだけ早く「立て直し」にとりかかれるように、タイミングを逃さないようにしましょう。

フィードバックはオフィシャルに

内容、タイミングともに重要なフィードバックですが、著者の会社の調べによると、上司から週1回以上フィードバックを受けている部下は25％しかいません。そればかりか、フィードバックをまったく受けていないという人が35・9％も存在します。

フィードバックがあまり行われていない背景には、日常業務の多忙さがあります。メンバーへのフィードバックはその都度している、と答えるリーダーもいますが、多くの場合メンバーはそれをフィードバックだとは受け止めていません。

リーダーは気づいたときに都度フィードバックをしているつもりでも、メンバーはリーダーが思いつきで話しているだけのように受け取ってしまうのです。

フィードバックを仕組み化することでこのようなすれ違いを防ぐことができます。つまり、フィードバックは公式に時間を決めて実施することが望ましいのです。

週初めのミーティング（チェックイン）

OKRの運用は、1週間単位（2週間も可）で行うのが基本です。何よりも、定期的に着実にフィードバックの仕組みが回ることが大切です。ここでは1週間単位で行われることを想定して、週次の運用サイクルを紹介します。

週の初めに今週何をすべきかを確認し、チームのエンジンをかけます。これをチェックインと呼びます。

議題はできるだけシンプルにし、議論は少なめで確認を中心として、短時間で終わらせることを心掛けてください。

ＯＫＲの進捗状況と今後の見込み

まずは、**現在のＯＫＲの進捗を共有**することから始めます。主目的は進捗状況の確認ですが、チームの「目的」を繰り返し伝えることで方向性をまとめる役割も果たします。

ＯＫＲの進捗を実績数値で確認することで、メンバー全員の認識が統一されます。そのうえで、高く掲げた「**重要な結果指標**」**の達成見込みを共有**しましょう。確実に達成できる場合や達成が難しい場合は、何らかの見直しが必要になります。達成への自信度を○％などと明記するようにしても良いでしょう。

今週のタスクの確認

次に、**今週のタスクの確認**です。今週のタスクを逐一共有するのではなく、ＯＫＲに直結するタスクを確認することが大切です。重要度や優先度にかかわらずタスクを設定すると日常業務に忙殺されてしまいかねません。そうならないように、ＯＫＲに直結する優先タスクを確認していきましょう。

最優先業務（今週、絶対しなければならないタスク）と優先業務（今週すべきタスク）の2種類を設定して、**担当者に確認のうえ、優先度を決定**しましょう。判断の基準は、OKRの達成を目指せるタスクになっているかどうかです。挑戦的なOKRを達成するには、業務の水準を上げなければなりません。その前提に立ったタスクになっているかを、リーダーは確認します。

そして、週の終わりにできたかできなかったかを正しく判断できるようにしておくことも大切です。「今週は先週よりもがんばります」のような設定では判断できません。「〇件実施します」「〇日までに完了させます」など、行動指標を示したり、期限を設定することが重要です。

実務上の障壁の洗い出し

最後に、**タスクを遂行していくうえでの障壁がないかを確認**します。

たとえば、他部署からの急な依頼があり最優先業務に取り組めない状況であるとか、健康状態が良くないため業務に支障をきたす可能性があるなど、チームの障壁となっていること、もしくは今後なりそうなことを率直に報告し合いましょう。

そのうえで、改めて優先度を付け直したり、抜本的な対策はこの場ではできないとして別途対策を打つなどを決めましょう。

週の始まりなので、今週もがんばっていきたいと思える状況を作り出すことがリーダーの役割です。**ポジティブな言葉で会議を締める**ようにしてください。

高い目的に向かうためには前向きな気持ちが大切です。スポーツの試合前に円陣を組んで気合を入れるようなつもりで、リーダーはチームの前向きスイッチを押してください。

週終わりのミーティング（ウィンセッション）

週の終わりに今週はどんな結果だったのかを確認し、立て直し策を具体的に決めるまで行うことを主目的にミーティングを行います。これを、ウィンセッションと呼びます。ここで大切なことは、**結果にかかわらず、各メンバーが高い目標に挑んだことを承認・賞賛する**ことです。

週終わりのミーティングは、週初めと同じ組織単位で行ってもよいのですが、より大きな組織単位で行うというのも効果的です。そうすることで自チームだけでなく、他のチームの状況を共有することができます。ただし、人数が多すぎると当事者意識が薄まるため、最大で20名程度までにしましょう。

ＯＫＲの確認

まずは、**ＯＫＲの進捗を共有**することから始めましょう。

より大きな組織単位で行う場合は、**上位のＯＫＲから順に見ていきます。**より上位のＯＫＲが共有されることで、メンバーは組織の一員として全体の役に立っていることを認識できます。

この際、「目的」を全員が意識できるように、ＯＫＲを読み上げるなどの工夫をしましょう。定期的に「目的」に立ち返る機会をつくることは、仕事の目的、意義を再認識させることになります。

その後、週初めのミーティングで設定した**タスクや実務上の障壁について共有**していきます。

立て直し

ここまで、ＯＫＲの進捗やタスクの状況を共有してきましたが、最後に必要になるのが立て直しです。進捗の中で想定よりうまくいかないことは必ず出てきます。

立て直しを図るうえで重要なことは、できていないことの**責任を追及するのではな**

く、どのようにしてできていない問題を解決できるかを考えることです。役割を果たすべき人の責任は明確になっているべきですが、その人を責めても問題は解決しません。

また、担当者だけの責任ということは少なく、仕組みの問題や他の業務との兼ね合いの問題であることがほとんどです。そのため、立て直しはチームで図ろうとすることが重要です。

具体的な解決策が出てきたら、翌週以降の業務にすぐに反映させましょう。もともとの想定と異なることが起きているのですから、空振りも含めて多くの行動を起こしながら学習し、目標達成を目指していかなければなりません。

承認・賞賛

OKRを運用していくミーティングの中で一番大切なことは、これを承認・賞賛の場にすることです。ムーンショットで挑戦的なチャレンジをしているのですから、当然ながら達成率は低くなりがちです。達成率が低い場合「できなかった」ことに着目してしまいがちですが、そうなるとどうしても否定や叱責が多くなります。

いくら「目的」に共感していても、否定や叱責はされたくないものです。否定や叱責を恐れるようになると、「できなかった」ことを減らそうと、高い目標を掲げることなく、低い目標を立てて達成率を上げるようになってしまいます。

そうならないためにも、まずは**「できた」ことに着目し、承認・賞賛する**ことが大切です。そのうえで、さらに「できた」ことを増やすためにはどのようにすればよいかを考えていける雰囲気づくりがリーダーには求められます。

本ミーティングでのフィードバックの流れは「**ポジティブ↓ネガティブ↓ポジティブ**」を意識するとよいでしょう。

まずは、ポジティブに「できたこと」を承認・賞賛、次に「ネガティブ」な「できなかったこと」を確認し、次の行動変化を決定します。そして、会議の最後はポジティブに終われるように、一週間のがんばりを称え、拍手と笑顔で終わるのです。

軽食や飲料を用意してカジュアルな場を設定する例もあります。組織文化に合った場づくりを心掛けてください。

ミーティングでリーダーが気をつけるべき点

✕	○
責任追及 （責任をチームの誰かに押し付ける） 問題は解決されない	**問題解決** （問題にチームで取り組むこと） 解決につながる
熟考、長考 （立て直し策を長時間検討する） 先行きが見えない中で考えてもうまくいくとは限らない	**即行動** （素早く立て直し行動を実行する） 失敗も含めて早く学習を積み重ねて成功を目指す
否定、叱責 （「できなかった」ことにフォーカス） 怒られることを避けるためチャレンジしない	**承認、賞賛** （「できたこと」にフォーカス） 高い課題にどんどんチャレンジする

個人フィードバック

チームでのフィードバックも重要ですが、個人へのフィードバックも忘れてはいけません。こちらも基本は週次で、週の終わりに行うのが効果的です。

フィードバックのためには、その前段階として、メンバーが自分の状況をリーダーに報告する必要があります。個人フィードバックの前に、何を報告してもらうかを予め連絡しておきましょう。そして、リーダーは、**報告内容に沿って1on1のミーティング**を行っていきましょう。

個人フィードバックでも、基本の流れはチームミーティングと同じです。まずは**個人のOKR進捗状況の確認**です。「目的」を再確認した後、「重要な結果指標」と実績を合わせて確認し、同時に、今週の業務が計画通りできたのかできなかったのかを把握します。できたかできなかったかをメンバー自身が正しく認識することは、成長にもつながります。そのためにも、計画を行動指標に落とし込み、認識しやすくしておくことが重要です。

次に、OKRに直結する今週の最重要業務、重要業務の**取り組み状況と所感などを報告してもらい、次週以降の行動を考えてもらいます。**

リーダーはメンバーの報告の分からなかった点を確認して、チームミーティング同様に**できた点を承認・賞賛**していきましょう。ただし、承認・賞賛だけでは個人の成長は図れません。

メンバー自身が「できていない」ことを正しく把握できているかをしっかりと確認していきましょう。「できていない」ことについて、リーダーとメンバーが共通認識を持っていなければ、改善にはつながりません。

そのうえで、次週以降の行動内容を確認し、問題なければそのままメンバーの意見を受け入れます。問題があれば、問題点とその理由（原因分析に問題があるのか、行動の内容や行動量に問題があるのかなど）を伝えたのち、自身で再度考え直すように促しましょう。メンバーの力量によりますが、行動を自分で決めていくことが成長を促し、モチベーションを高めます。

COLUMN

長期的な成長支援のための1on1ミーティング

1on1ミーティングとは、リーダーとメンバーとが対面でコミュニケーションをするミーティングのことを言います。OKRの運用では個人フィードバックを週1回の頻度で行いますが、議題は、OKRの進捗管理やフィードバックなど、身近な業務、短期的な視点によるテーマが中心になります。

メンバーとの信頼関係を深め、長期的な成長を促すためには、身近な業務だけではなく業務外の困りごと、悩みごとや能力開発、キャリア形成といったテーマについても話し合うことが重要です。

そこで、週次の業務面での成長・修正を目的とする1on1ミーティングとは別の機会として、月1回程度長期的な成長支援の場を設けることをおすすめします。

長期的な視点による1on1ミーティングは、メンバーの成長支援のための時間ですので、リーダーが話す場ではなく、メンバーの話を聞く場と考えましょう。リーダーは、聴く8割、話す2割を意識してください。また、このミーティングは事前に時間を決めておかなければ、日々の仕事の忙しさの中で後回しになってしまいがちです。定期的に実施できるように早めにスケジュールを立てましょう。

1on1ミーティングでは、テーマに基づき、まずは現状を確認します。「現在、うまくいっていることは？」「現在、課題に感じていることは？」などの質問で、メンバーに自身の現状を話してもらうのです。

そして、次に将来について確認します。「では、○年後の理想は何ですか？」「どんな状態を目指しますか」などの質問で、こちらもメンバー自身に、将来のことを語ってもらいます。

そのうえで、「次の行動」を確認しましょう。「将来に向かうために何をしますか？」「何をすれば理想の状態になれますか？」とメンバー自身がどういう行動をとるべきかを考えてもらいます。

そして最後が「支援」です。「将来に向けて、リーダーに手を貸してほしいことは何ですか？」「自分だけでは行動できない障壁は何ですか？」など、リーダーとしてメンバーのためにできることを探ります。

実際に始めてみても、最初の数回はなかなかメンバーが素直に口を開かないこともあります。回数を重ねる中で慣れてきますので、焦らずじっくり行いましょう。まずはメンバーの話を肯定的に受け止め、自分の考えを先に言わないことで、メンバーは話しやすくなります。事前にテーマを指定しておくと、お互いに事前に考えてくることができ、話しやすい環境をつくれます。

1on1ミーティングの最後は、話をするだけではなく行動にまで落としこみましょう。そのうえで、ミーティングの内容をメモに残すなどして記録します。記録することで次回以降に再度確認することが可能になります。

四半期ごとの振り返りと再設定

通常、OKRは3か月間の運用を経て振り返りと再設定を行います。

OKRに限らず「導入した仕組みの効果がなかなか出ない」といった言葉をよく耳にするかと思います。仕組みの導入から運用して効果が出るまでがなかなかスムーズに進まない要因はさまざまですが、運用後に改善を繰り返すことが効果を最大化させる唯一無二の対策です。

そのため、OKRの振り返りと再設定をどのようにやるかに決まった形、グランドセオリーはありません。ここで示すのは、あくまでも一例にすぎません。これを参考に改善を続け、組織文化に合う方法を見つけ出していってください。

KPTを使ってチーム全員で振り返り

たとえば、次のようなOKRを設定したとします。

「①無料版ダウンロードが1日100件」という「重要な結果指標」に対し、結果は1日20件、達成率は20％に終わりました。他の2つの「重要な結果指標」はどちらも80％の達成率でした。

このとき、「目的」である「新しいアプリの発売を大成功させる」の達成率は、3つの「重要な結果指標」の達成率の平均である60％と評価することができます。

このとき、どのように振り返り、次の3か月に向けた戦略を立てることができるでしょうか？

よくあるのは、①の「重要な結果指標」の達成率が悪かったことが「目的」の達成率を低下させているのだから、①の達成を来期の一番の目標にしようと考えてしまうことです。

そのように考えることが妥当な場合ももちろんありますが、来期の達成も困難が予想されますし、無料版を廃止するという選択肢や、別のサービスとセットで販売していくという考えもあるでしょう。

OKRの具体例

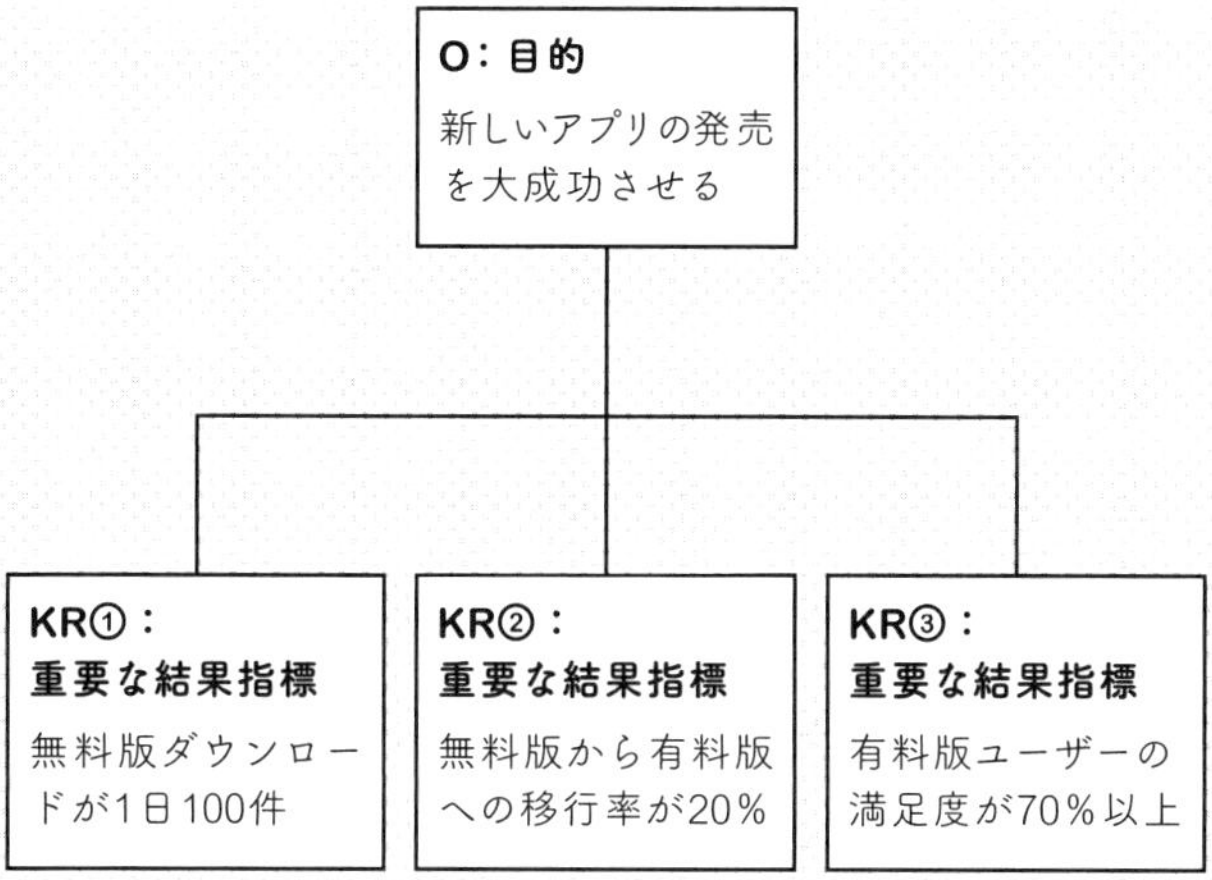

KRにより「O：目的」の達成度を測る

ここでお伝えしたいのは、**さまざまな可能性がある中、当初設定したＯＫＲにとらわれすぎてはいけない**ということです。また、振り返りにおいては客観的な情報も大切ですが、チームメンバーの主観的な情報も重要です。多様な考え方と現場の情報を持つチームメンバー全員の意見やアイデアも振り返りに反映しなければなりません。

チーム全員で振り返る方法として、「ＫＰＴ」と呼ばれる方法がおすすめです。これは、**Keep, Problem, Try**の頭文字を取ったものです。

Keep：続けたいこと、良かったこと
Problem：問題点、やめたいこと
Try：新たに取り組みたいこと、挑戦したいこと

これら3点を、チームメンバー全員で議論しながら振り返るのです。

まず、テーマ責任者が事実情報を共有します。忘れられがちなのですが、事実共有がなければ感覚的な議論に陥ってしまいます。ここでは、客観的な数字など事実のみ

を共有し、発表者の意見や考察は挟まないようにします。

次に、メンバーそれぞれがKとPを考えます。ここで大切なことは、まずは各自で考えることです。いきなり議論を始めてはいけません。また、すぐに発表するのではなく、付箋などに記入してもらうようにします。リーダーと違った意見はもちろん、他の人と違った意見やアイデアを出すのは難しいものです。各自が議論の前に付箋に書き出すことで率直な意見を言い合える心理的安全性を確保します。

その後、付箋を共有します。このとき、付箋に書いてあることをただ読むのではなく、その意見の背景や理由についても発表してもらいます。若いメンバーから先に発表してもらったほうが、遠慮なく意見を表明することができます。

KとPを共有できたら、いよいよTを考えていきます。大切なことは、いきなりTを考え出そうとしないことです。他の人のKとPを聞いたうえでTを考えはじめることで、自分だけでは思いつかなかった意見やアイデアが出るからです。

Tも、まずは付箋に書き出してもらい、KやPと同じやり方で共有します。そして最後に、実際に実行するTを選ぶのです。

メンバー全員ができるだけ等しく話す機会を作ることで、より多くの観点から洞察を得ることができ、また、快適な雰囲気を作り出すこともできます。対立する意見もかならず大歓迎してください。その結果、多くのTが出てくることになります。

しかしながら、実際に取り組むことができるものは限られています。何を実行するかについてもチームで議論して結論を出すことが望ましいのですが、必ずしも全員一致で絞り込めるわけではありません。そのようなとき、単純に多数決で決めるようなことがあってはいけません。決断をすることがリーダーの責任です。多数決ですべて決めるのであれば、リーダーは不要です。たとえ賛成少数でもリーダーは決めなければなりません。そして、このときのリーダーの決断が次の戦略立案につながります。

最後に、このような手順で振り返りを進めるときは、次のルールを守るようにしましょう。

・記憶が鮮明なうちに、できるだけ早く振り返りを行う
・問題解決に集中する。責任追及はダメ
・発言が多すぎる、少なすぎるメンバーがいる場合は、同じくらいの発言になるようにリーダーが調整する

KPTの手順

1 テーマ責任者が事実情報を共有

2 Keep、Problemを
各自が考え付箋に記入する

3 上記の付箋を壁に貼り、全員で共有

4 Tryを各自が考え、付箋に記入する

5 上記の付箋を壁に貼り、全員で共有

6 Tryの中から実際に実行するものを選ぶ

ＥＲＲＣグリッドで次期の戦略を整理

振り返りが終われば次期の戦略立案です。**「目的」を定めたうえで、何をやり、何をやらないかを明確にします。**

「目的」は、前期と同じものになることも多いのですが、そのまま踏襲するのではなく、必ず再度検討し直します。

「目的」を見直したうえでリーダーが戦略をまとめていくわけですが、中身を聞いたメンバーが、前期と何が違うのか分からないという反応を示すことがよくあります。そのような事態を防ぐのに役立つのが、ＥＲＲＣグリッドです。

もともとはイノベーションを検討するツールですが、戦略の整理にも役立ちます。

変化の激しい時代、前例踏襲で成功し続けられるなどということはありません。また、前例を引き継ぎながら新たなことをどんどんと付け加えてしまうと、経営資源には限りが有ることから実行できないことが出てきます。

そこで、前期の戦略と次期の戦略を比べて、Eliminate（取り除く）、Reduce（減らす）、Raise（増やす）、Create（付け加える）という観点から検証してみるのです。そうすることで、本当に重要なことに絞り込まれた戦略を練ることができます。

また、このERRCグリッドで戦略を説明することは、メンバーの戦略理解にもつながります。本当にすべきことが何かを浮き彫りにして、前例踏襲ではない新たな価値を生み出していくのです。


戦略を練り上げることができたら、いよいよ次期のOKR設定です。

「目的」も「重要な結果指標」も、前期の項目や数値を単純に継続するのではなく、新たな戦略に基づいて見直すことが重要です。戦略は変わっているにもかかわらずOKRが変わらないままだと、現場で実行することは変わりません。もちろん、前期の戦略やOKRを踏襲することもあるはずですが、本当にそれで良いかをしっかり確認したうえでのものであれば、うまく機能するはずです。

ERRCグリッド

Eliminate 取り除いた、なくした要素	Raise 増やす、注力する要素
Reduce 減らす、注力しない要素	**Create** 新たに付け加える要素

OKRの運用は、自社に合わせて磨き上げる

ここまで、OKRの運用についての手順を解説してきました。ただし、ここに書いてあるとおりに運用することがゴールではありません。リモートワークの社員が多く、顔を合わせたミーティングを毎週することはできないなど、会社、組織によって状況は多種多様だからです。

OKRで大切なことは「わくわく」を全員で追いかけることであり、そのためにメンバーを「巻き込み」、「振り返り」を高速で行うことです。

それさえできていれば、週次の1on1はチャットツールで行い、対面で行うのは月一度にする、ウィンセッションは隔週で行うなど、具体的な運用方法は組織の状況や風土に合わせてカスタマイズしていってかまいません。自社にあった方法に磨き上げることが大切です。

外してはいけないことは、まず、「わくわく」を定着させることです。そのためには、必ずObjectivesを確認すること、ミーティングは個人の責任追及ではなく、チームの問題解決の場とすることです。

これができたうえで、メンバーの「巻き込み」を意識していきます。付箋を使ったKPTのように、心理的安全性に気を配りながら、全員が振り返りの結果や意見を表明できる場をつくりだしていくのです。

そして最後に、「振り返り」を仕組み化することです。自分で振り返る「内省」、上司が支援する「フィードバック」、そして「チームでの振り返り」、この3つをオフィシャルにスケジュールを決めて実施するのです。

この3つのポイントを自分のチームの実情に合わせてカスタマイズしていくことで、OKRは磨き上げられていきます。

OKRでコミュニケーションを活発にする

組織はコミュニケーションで強くなる

仕事に限らず、良い人間関係を構築するうえで、コミュニケーションは最重要の要素です。特に、家族や友人と違い、会社における人間関係は、多様なメンバーが集まれば集まるほど、「言わなくても分かる」状態からかけ離れていきます。だからこそ、会社という組織にはコミュニケーションが欠かせません。

二人三脚は「右、左」と掛け声を決めることで、息を合わせて走ることができます。指揮者が指揮棒を振ることで、オーケストラは奏者が協調し美しい音色を奏でることができます。

多くのメンバーが協力し、調整することで、組織力は高まります。そのためには、組織内でのコミュニケーションが成立していなければなりません。

個人のコミュニケーション力ではなく、仕組みに頼る

リーダーが理解しておかなければならないことは、コミュニケーションの目的が「伝える」ことではなく「伝わる」ことであるということです。リーダーが伝えたとしても、メンバーに伝わっていない状態ではコミュニケーションができていないことになります。同様に、メンバーが何かを伝えようとしているにもかかわらず、リーダーが関心を向けない、もしくは理解していない状態も伝わっていないと言えるでしょう。

気をつけなければならないことは、簡単には伝わらないということ、そして、伝わったとしても、すぐに忘れられてしまうということです。

それでは、組織は、メンバー全員のコミュニケーション能力を高めなければならないのでしょうか?

もちろん、全員のコミュニケーション能力を高めていくことは、組織にとってもメンバーにとっても成長につながります。しかしながら、全員が高いコミュニケーション能力を身につけるというのは現実的ではありません。

だからこそ、**組織のコミュニケーションを仕組みで改善する**のです。

ここで大切なことは、「共通言語」と「頻度」です。組織内で重要度の高い内容については、定義を明確にし「共通言語」にすることで解釈のずれを防ぐ必要があります。また、一度に大量の情報を伝えられても、相手側は受け取ることはできません。コミュニケーションの「頻度」を増やし、少しずつ何度も伝えることで、体の中に染み入るように伝わっていくのです。

成果についてロジカルに議論する

仕事におけるコミュニケーションは、話しやすさ、雰囲気の良さだけではないことには気をつける必要があります。

組織は、成果を出し続けることでしか継続できません。**仕事におけるコミュニケーションでは「成果」を中心テーマに掲げる**必要があります。もちろん、仕事以外のコミュニケーションを取ることも必要ですが、「共通の目的」を目指す組織として「成果」について話す機会を増やすことが求められます。

自分が「成果」に対してどれだけ貢献しているか、周りの「成果」はどんな状態かを知り、どうやったら「成果」があがるか考え続けることで、なれ合いを生まない組織になります。そのような組織は、妥協案を探るような議論をすることなく、成果をあげるために、ときに衝突しながらも、最適な案を生み出していけるでしょう。

もう一つ重要なことは、**原因分析についてロジカルなコミュニケーションを行うこと**です。高い挑戦を行うため、未達成や失敗が必ず発生します。そのこと自体は問題ではありませんが、失敗を繰り返さないためにもロジカルに原因を分析することが求められます。成功した場合も、まぐれではなく再現性を持つ仕組みとしていくために、ロジカルな分析が必要となります。

新しい発想を生むためには感覚的で自由な発想も重要となりますが、結果を分析する際にはロジカルであることが求められます。

OKRを共通言語化する

OKRはシンプルで理解しやすい構造と定義を持っているため、組織の中で「共通言語」として活用することができます。

「OKRの達成状況はどう？」
「今回のプランは今期のOKRとどういう関係？」
「『重要な結果指標』の達成率を上げるための次の行動は～～です！」
など、**日常の会話の中でリーダーが積極的にOKRを言葉として口にすることで、OKRが共通言語化していきます。**

また、OKRではフィードバックを高頻度で行うことになるので、コミュニケーションの頻度を十分に確保することに役立ちます。シンプルな共通言語を用いることと、高い頻度でのコミュニケーションによって、伝わるまでのトータル所要時間は大きく削減されます。

OKRは組織を強くするコミュニケーションツール

目指すべき方向である「目的」を示し、導くことがリーダーシップであり、「目的」に向かうための力を最大化するための管理がマネジメントです。リーダーシップとマネジメントの両輪が回ってこそ組織は強くなります。

しかしながら、一人のリーダーがこれらの能力をすべて完璧に身に着けていることは稀です。名経営者と言われる人には、多くの場合、右腕となる名番頭が存在していました。経営トップが「目的」を指し示すリーダーシップを発揮し、名番頭がリーダーの想いやねらいを組織に落とし込むマネジメントを行ってきました。

大企業のトップであればこのような組み合わせが可能ですが、中小・ベンチャー企業の経営者はもちろん、現場リーダーにとってこの要素を分担する番頭を付けることは難しいでしょう。

だからこそ、番頭ではなく**仕組みとしてリーダーシップとマネジメントの両輪を回すことを、OKRを中心に実行する**のです。

OKRは、組織内のコミュニケーションを活性化させ、リーダーがリーダーシップを発揮しながらうまくマネジメントしていくためのコミュニケーションツールであるとも言えるでしょう。

OKR
for
LEADERS

第7章
OKR導入事例インタビュー

CHAPTER 7.　OKR CASE STUDIES

組織の状態、目的、戦略が違えば、当然OKRの運用も違ってきます。違ってくる中でも、「わくわく」「巻き込み」「振り返り」の3つのポイントを外さず、自社に合わせて磨き上げていかなければいけません。本章では、OKRを組織風土に合わせたうえで磨き上げていった実例をご紹介いたします。

パーソルプロセス&テクノロジー株式会社は、OKR運用ツール「HITO-Link パフォーマンス（ヒトリンクパフォーマンス）」を開発、提供しています。本プロダクト開発チームのマネジャーである浅沼氏は、多くの企業のOKR導入を支援すると同時に、自部門でもOKRを運用しています。

多くの会社のOKRに関わりながら、自社のOKR運用を磨き上げている氏の経験は、OKRの運用に苦戦している方、OKR導入を検討される方にとって大きなヒントとなるでしょう。

＊　＊　＊

ＯＫＲありきではなかった

奥田　御社がどういう会社で、浅沼さんがどのようなことをされているのかを初めにお聞かせいただけますでしょうか？

浅沼　パーソルプロセス&テクノロジーは、人材派遣や人材紹介、アルバイト求人情報サービスなどを手がける総合人材サービス、パーソルグループの「ＩＴＯセグメント」中核会社です。事業内容としては、システム開発から運用、プロダクトソリューションなどを提供するほか、顧客課題に応じたビジネスプロセスのアウトソーシングやコンサルティング、ＲＰＡの導入支援を行っています。

私が担当しているのはHITO-Link（ヒトリンク）というHRTechサービスです。もともと、採用の応募者管理や選考管理を行う採用管理システム・HITO-Link リクルーティングというサービスを展開していたのですが、入社後の目標管理までサポートしていくためにＯＫＲに着目して、HITO-Link パフォーマンスというプロダクトをリリースしました。私は、２０１８年４月に、HITO-Link パフォーマンスのプロダクトマネジャーに着任して、主にエンジニアのマネジメントを行っています。

奥田 採用管理から始まって、入社後の目標管理をやっていく中でOKRというものに着目されたというわけですね。OKR以外にもさまざまな手法が選択肢にあったと思いますが、OKRに着目された理由はどのようなところにあるのでしょうか？

浅沼 当時、グローバル企業がパフォーマンスマネジメント、つまり内発的動機づけによるパフォーマンス向上にフォーカスし始めていた頃で、これまでの目標管理制度や人事評価の弊害が注目されていました。サービスの企画に取り組み、ユーザーインタビューを重ねていく中で、何度かOKRというワードに触れることがあり、目標管理だけでなく、目標を通じたコミュニケーションやフィードバックを促進できるような仕組みであることが分かってきたため、OKRに振り切ってプロダクト開発を行いました。

奥田 OKRありきで始めたのではなく、目標管理の理想の形を描いていった中でOKRに出会ったということなんですね。

浅沼　はい。私たちの会社も、6か月ごとに目標設定をして評価をするという一般的な人事評価制度なのですが、エンジニアにとっての目標が、タスクを追うだけのものになりがちで、顧客に提供している価値や目的の共有、社員の成長という点がないがしろになっているのではないかと考えるようになりました。そのため、私たち自身も利用して効果的であるという視点を持ちながらユーザーインタビューを重ねました。

OKRはボトムアップ型で設定

奥田　御社でも今OKRを運用されているということですが、実際に運用してみて何が変わりましたか？

浅沼　今までは、トップダウンで上から情報や目標が降りてくる形が多かったのですが、OKRの運用を始めることによって、ボトムアップ型になり、社員からの提案が多くなってきたと実感しています。

HITO-Linkパフォーマンスというプロダクトの新機能開発でも、1on1の対話の中で出てきた改善案を取り入れたりと、ボトムアップで上がったアイデアが採用されたという経緯があります。チームメンバー一人ひとりの、プロダクトを良くしよう、価値を深めていこうという意識がとても高まったと思います。

奥田　OKRの設定は、実際にはどのように行ったのですか？

浅沼　上の階層から順番に設定しています。HITO-Linkの事業部→各プロダクト→プロダクトごとのセールス、マーケティング、CS、開発のそれぞれのチームでOKRを設定していきます。

奥田　具体的には、プロダクトマネジャーがプロダクトごとにOKRを作り、それを理解・把握したうえで、各チームがボトムアップで作ってすり合わせる、という進め方でしょうか？

浅沼　はい。全員で2時間くらいのOKR設定のワークショップを開き、横のつながりを確認しながら精度を高めていっています。プロダクトのOKRを担うのは私ですが、その際も自分一人で決めるのではなく、セールスやCSなど、すべてのチームの意見を集約して、プロダクトのOKRを作っています。OKRには納得感が非常に重要だと感じているからです。

奥田　OKRを設定するとき、わくわくして挑戦的で魅力的な目的を決めるのが結構難しいと言われることが多いのですが、何か工夫していることはありますか？

浅沼　目的の設定には、ディスカッションを重ねるのが非常に重要だと思っています。私自身もまずは何個か案を出しますが、みんなで考えることでさまざまなアイデアが出てきて、それらを洗練することで、チームとしてわくわくするOKRができると思います。

たとえば、私だと「競合製品に負けない」と表現するところを、「競合製品を駆逐する」というような強い言葉が出てくることがあったりと、言葉のチョイスひとつとっても、チームとして何が一番しっくりくるか、それは何故なのか、などディスカッションを重ねることで、魅力的なOKRが設定できると思います。

奥田　たしかに、目的を考える段階でメンバーを巻き込んでいくことは大切ですね。具体的には、どのような目的を設定しているのでしょうか？

浅沼　プロダクトのOKRでいうと、「パフォーマンスマネジメントのマーケットを創り、圧倒的なポジショニングを確立する」という目的を設定しています。先を見据えて、競合製品に負けない、という方向も考えましたが、私たちがまず行うべきはマーケットを創っていくことだろうということで、マーケットを創出するという野心的な目的を設定しました。（左図参照）

運用の鍵は、ウィンセッション

奥田　設定のあとは運用になると思いますが、御社ではどのように運用を行っていますか？

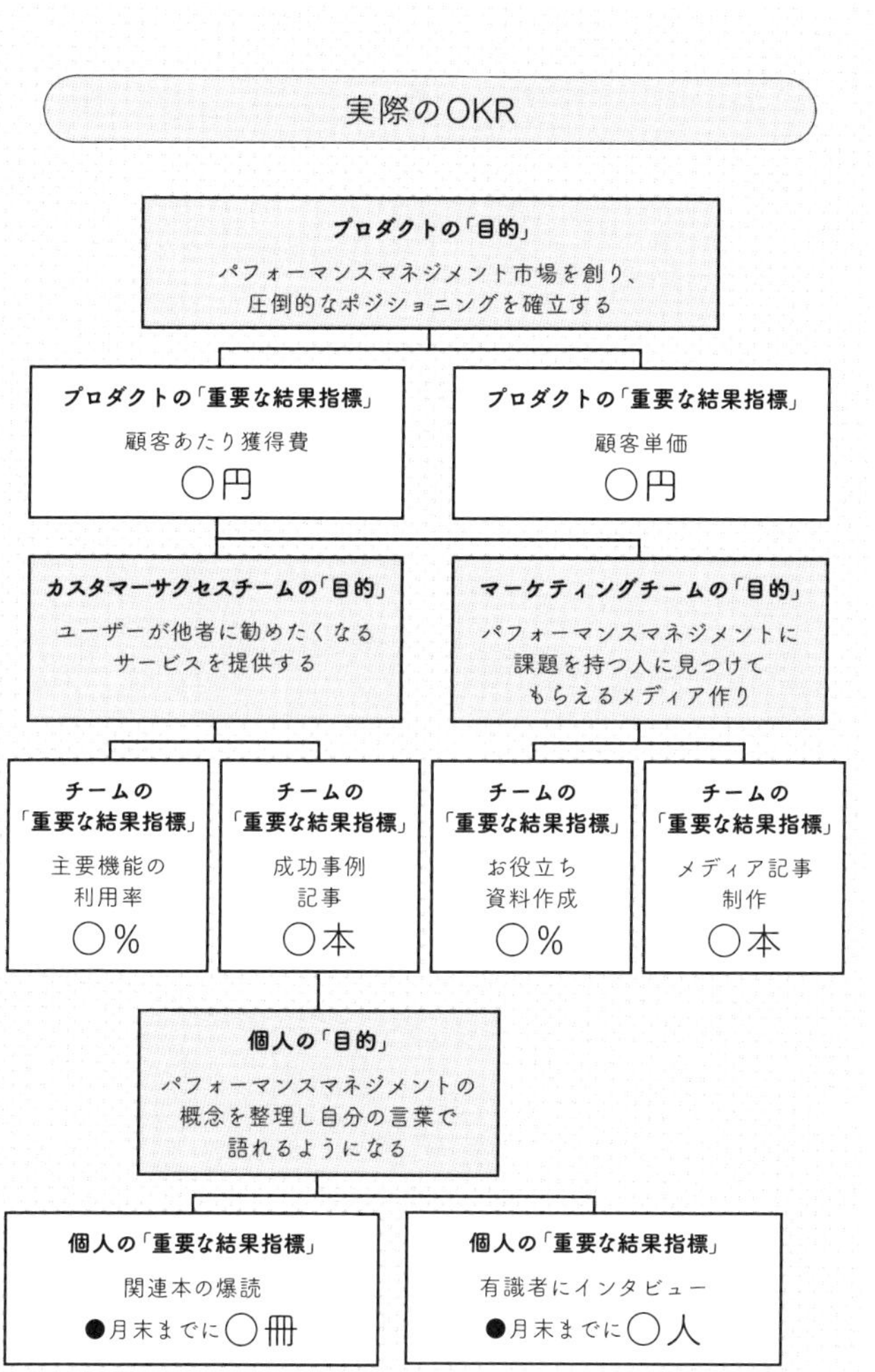
実際のOKR
プロダクトの「目的」
パフォーマンスマネジメント市場を創り、
圧倒的なポジショニングを確立する
プロダクトの「重要な結果指標」
顧客あたり獲得費
○円
プロダクトの「重要な結果指標」
顧客単価
○円
カスタマーサクセスチームの「目的」
ユーザーが他者に勧めたくなる
サービスを提供する
マーケティングチームの「目的」
パフォーマンスマネジメントに
課題を持つ人に見つけて
もらえるメディア作り
チームの
「重要な結果指標」
主要機能の
利用率
○%
チームの
「重要な結果指標」
成功事例
記事
○本
チームの
「重要な結果指標」
お役立ち
資料作成
○%
チームの
「重要な結果指標」
メディア記事
制作
○本
個人の「目的」
パフォーマンスマネジメントの
概念を整理し自分の言葉で
語れるようになる
個人の「重要な結果指標」
関連本の爆読
●月末までに○冊
個人の「重要な結果指標」
有識者にインタビュー
●月末までに○人

浅沼　運用は基本的に大きく3つです。四半期でOKRを設定すること、定期的に1on1を実施すること、ウィンセッションを設けることです。

奥田　1on1は具体的にどのように行っていますか？

浅沼　私たちは、プロダクトとそれに紐づく各役割（セールス、マーケティング、CSなど）のマトリクス型の組織運営をしています。役割ごとにリーダーがいるので、リーダーにはメンバーと週次で1on1を実施してもらっています。

それとは別に、横串を通すような形の1on1を月次で行い、部署を横断したコミュニケーションが取れるようにしています。

奥田　ウィンセッションはどのように実施しているのでしょうか？

浅沼　ウィンセッションはプロダクトごとに実施しており、まずはOKRの進捗を振り返ります。

その後、おそらくこれは私たちのオリジナルのやり方だと思うのですが、「いい仕事を発表し合う」ということを行っています。よくある話ではありますが、セールスなどのビジネスサイドと開発チームとが、お互いに実際には何をしているのか分からないため、相互理解が進まない、ということも初期にはありました。

そのため、たとえばセールスが行った「いい仕事」を発表してもらって、開発側が「こういう仕事をしていたんだ」と知ることで共感が生まれたり、「こういうこともできるよ」といったアドバイスを引き出せたりしないかと、チーム内の相互理解とコラボレーションを目的に取り入れています。

開発側は、実際に自分たちが作ったプロダクトをお客様がどのように感じているかなかなか分からないのですが、そういったVOCなどもフィードバックできて、コラボレーションが増えていくというのがOKRのメリットだと思います。また、承認・賞賛するときには個人にフォーカスを当てるというのも工夫している点です。

奥田　巻き込みと承認・賞賛は大切ですね。そうすると、ウィンセッションが運用の鍵になってきそうですね。

浅沼　はい。実は、OKRの運用を始めた当初は、ウィンセッションを実施していませんでした。しかし、OKRの浸透度が薄いままで、振り返りが形骸化してきているという課題があり、ウィンセッションを始めました。1on1という対個人の場以外に、定期的に全体で振り返る場を設けることは、チームとしてOKRを活性化するポイントになっていると思います。

OKRはリーダーを育てる

奥田　OKRを導入することで、これまで目標だけを追いかけていた現場リーダーが目的を考えるようになり、リーダー自身が成長していくという効果も大きいと感じていますが、御社ではいかがですか？

浅沼　たしかにそうですね。OKRを導入したことで、実際に私自身もこれまで以上に目的や戦略を考えるようになりました。直近の四半期だけではなく、半年後、1年後にどのような状態になっていると楽しいかという観点で考えていこうとしたときに、

ＯＫＲのフレームで考えています。

奥田　チームはこういう目的のためにがんばるんだというのを決めることは、チームはもちろんリーダー自身のモチベーションになります。次世代の経営者を育てるという意味でも、ミッションやビジョンを中間管理職や現場のマネジャーが考える習慣がつくという点で、ＯＫＲはすごくいいなと感じています。

浅沼　なるほど。そういった点には気づいていませんでしたが、たしかにそのとおりですね。

個人ＯＫＲは設定しなくてもいい

奥田　運用面で苦労した点や、失敗したことはありますか？

浅沼　たくさんあります（笑）。

最初は、マネジャーだけでＯＫＲを決め、それをメンバーに展開していました。しかし、それでは、メンバー自身も納得感がなく、内発的な動機づけにもなりませんでした。結果、形骸化してしまいました。そのため、まずはすべての情報をオープンにして、メンバー一人ひとりを議論に参加させ、OKRの設定に関わってもらいました。そこの意識ができてきたら、次は、自分たちがより多くの価値を提供し、かつ、わくわくするためにはどんなOKRだったらよいのかということです。OKRを改善していく感覚をつけるまでに、しばらく手探りが続きました。

また、セールスとエンジニアなど、役割ごとに設定方法は工夫した方がいいと思っています。たとえば、エンジニア組織では、個人のOKRを設定しづらい、どうもフィットしない、ということに気づきました。エンジニア組織は、チームとして、コラボレーションの結果何を生み出すか、どんな機能を作ってリリースするのかを追っていかないといけないので、個人の役割ごとに達成度を測ってもあまり意味がなかったのです。

奥田　では、エンジニアの個人OKRはどのような形にしているのでしょうか？

浅沼　チームのOKRはありますが、個人のOKRは設定していません。チーム全体で同じ目標を追う、という形にしています。

同じ運用は一つとしてない

奥田　OKRの仕組み自体はすごくシンプルなので、いかに運用していくかというのが大切ですね。最初は本に書いてあるとおりにやっていたかもしれないけれど、運用していく中で自分の組織にあったものに変えていく。
　その会社独自のOKRになっていく決め手は何だと思いますか？

浅沼　OKRというフレームワークの根底にあるマインドセットが非常に重要だと思っています。社員のモチベーションやパフォーマンスの向上にフォーカスしたときに、会社の文化やビジネスモデルに合わせて自分たちなりの運用スタイルを確立していくことが重要だと考えています。

奥田　そうですよね。最初のお話にあったように、OKRにたどり着くというのが本来の姿で、OKRを導入することが目的ではありませんね。まさに、運用をいかにカスタマイズするかが肝になってきそうですね。

評価にはどう活かす?

奥田 多くの場合、目標管理がボーナスの査定や人事評価に使われていますが、OKRは人が成長して組織が成長していくことを主目的とした運用になってきますね。人事評価の部分はどのように行っているのでしょうか?

浅沼 人事評価は、MBOがベースになっています。弊社の中でOKRに取り組んでいるのは、おそらくHITO-Linkの事業部だけなので、現状では全社の人事制度の枠組みの中で動いています。ただ今後は、OKRに対してどれだけコミットし、どれだけ行動できたか、という点は評価に組み込んでいこうと思っています。

奥田 OKRで人事評価をする際の納得感はどのようにしたら得られるでしょうか?

浅沼　フィードバックのログをきちんと残していくことと、直属の上長だけではなく、周囲からもリアルタイムにフィードバックしてもらうことだと考えています。

人事評価をする際に一番重要なのは、評価者間での認識合わせ、つまり、どんなことがよかったか、次はどうコミュニケーションをとったらいいかなどの共通認識を、マネジャー間でも合わせることだと思います。

導入の際、絶対外してはいけないポイントとは？

奥田　OKRを検討している、導入していく人たちへのアドバイスをお願いします。

浅沼　私たちも試行錯誤しながら運用してきましたが、OKRを設定して定期的に振り返るだけでは、単なるフレームワークになってしまうと思っています。OKRのメリットは社員同士のコラボレーションを創出したり、組織内のコミュニケーションを促進できることにあります。そういったところの楽しさや、働くうえで大事にしたいことなどを意識しながらOKRを導入してほしいと思っています。

数字にこだわるだけではなく、ウィンセッションで承認・賞賛をして、どんな人が仕事をしているのか、どんな価値観を持っている人がいるのかを発表し合うことで仕事をする楽しさが生まれ、仕事以外でのコミュニケーションにもつながるので、OKRを導入して、そのあたりも感じてほしいと思います。

奥田　失敗しがちな点、気をつけたほうがいい点はありますか？

浅沼　やはり、MBO（達成率による人事評価）と直結させることは避けたほうがいいです。そして、ウィンセッションなどの場を使ってチーム全体で共有・賞賛し合うこと。この2つのポイントが非常に重要だと思っています。

その他の部分は自分たちがやりやすい形やわくわくするようなやり方にカスタマイズして、自分たちなりのOKRを創っていただければと思います。

おわりに

EPILOGUE

日本の多くの企業で行われている目標管理は、組織の課題を解決していないばかりか、問題をより複雑にしている。このように私は考えています。複雑化した問題を解くためには、一つひとつ解きほぐしていくことが必要です。

現状の目標管理は、「組織として成果をあげること」（共通の目的に向かうこと）と、「あげた成果を分配すること」（人事評価）という本来別々のものを、同じ仕組みで実施しようとしているのです。

どちらがより重要な問題であるかはともかく、成果があがらないと分配することはできないので、まずは成果をあげることが先決でしょう。

「組織として成果をあげること」をシンプルに考えると、共通の目的を達成する能力と意欲の高いメンバーを育て、相乗効果を強めて組織力を上げていくこと、と言い換えることができます。

だからこそ本書では、「わくわく」する共通の目的に向かうこと、高い目標に挑戦することなどを繰り返し強調してきました。残念なことに、これらと人事評価を絡めようとすると、成果をあげることに集中できないということが起きてきます。だからこそ、成果をあげることと成果を分配することとは分けて考えることが望ましいのです。

全社的に定められた人事評価制度は、報酬と直結するだけに現場リーダーが変えていくのは困難ですが、人事評価とは切り離されたシンプルな仕組みであるOKRは、シンプルであるがゆえに、リーダーが自分のチームに取り入れていくことが可能です。目的を決め、重要な結果指標を決めることは、OKRを導入しているかどうかにかかわらず、リーダーシップを発揮していくために求められることだと言えます。フィードバックを含めた運用も同様です。

はじめにで紹介した宮崎駿監督の言葉を借りれば、OKRは「理想を持ちながら現実を動かす」仕組みであり、それこそが組織づくりの神髄とも言えます。

本書を読んで興味を持っていただけたなら、ぜひ小さくてもよいので、OKRのエッセンスを取り入れたマネジメントに挑戦してみてください。

ただし、ＯＫＲのどのエッセンスをどのように取り入れるかは、組織を取り巻く状況を考慮したうえでリーダーである「あなた」が決めなければなりません。「あなたの組織」にあった取り入れ方となるように試行錯誤を繰り返すことで、「あなたの組織流」のＯＫＲに磨き上げられ、強い組織へと成長していけるでしょう。

最後に、私なりの「リーダー」への想いにもう少しだけお付き合いください。

経営者から中間管理職の立場に変わり、改めて感じたことがあります。それは、メンバーである自分がリーダーの言葉から多くを読み取っていたということです。心のこもっていない上辺だけのリーダーの言葉に不信感を抱いたり、上司を前に取り繕うようなリーダーの言葉に落胆した経験が、みなさんにもあるはずです。

一方で、優れたリーダーの言葉は、メンバーを鼓舞する力を持っています。魂のこもった本気の言葉にメンバーは動かされます。決意を持った一貫性のある言葉で、信頼は深まります。

職業柄、多くのリーダーにお会いすることがありますが、優れたリーダーは、必ず言葉に力があります。表現の巧拙ではなく、本気度が言葉に力を与え、メンバーだけでなくリーダー自身も突き動かしているのでしょう。

私がOKRに最初に出会ったときに魅力を感じた理由の一つも、リーダーの言葉の力でした。組織づくりを行うためにさまざまなことを学びチャレンジしてきましたが、単なる数値管理ではなく、リーダーの言葉までも仕組みにするOKRに出会った瞬間、探し続けていたものにようやくたどり着いたという感覚に襲われました。

リーダーが本気で「わくわく」する目的を言葉にし、その言葉を繰り返し続けるための仕組みとして、OKRは最適だと考えています。日本人は、言葉で表現することが苦手だと言われています。しかし、この仕組みを使えば、魅力的な言葉を一貫して伝え続けることができるでしょう。

「わくわく」するリーダーの言葉に動かされるメンバーが増えれば、間違いなく組織は強くなります。

ここまで本書にお付き合いいただいた読者のみなさま、本当にありがとうございました。

本書では「組織」「戦略」「目的」「目標」など、誰でも知っている言葉の意味にこだわりました。本書の言葉でみなさまが少しでも心が動かされ、みなさまの組織が強くなるお役に立つことができれば幸いです。

本書の企画をご支援いただいた株式会社VALCREATIONの藤村雄志さま、NPO法人企画のたまご屋さんの山本洋之さま、取材にご協力いただいたパーソルプロセス&テクノロジー株式会社の浅沼祥さま、大島亜衣里さまをはじめとするみなさま、そして、つたない執筆活動をご支援いただいた株式会社ディスカヴァー・トゥエンティワンの堀部直人さま、本当にありがとうございました。

日本に「わくわく」する組織を増やしていくためにこらからもがんばっていきます。

２０１９年４月

株式会社タバネル　代表取締役　奥田和広

本気でゴールを達成したい人とチームのためのOKR

発行日　2019年　4月30日　第1刷

Author　奥田和広

Book Designer　新井大輔　中島里夏（装幀新井）

Publication　株式会社ディスカヴァー・トゥエンティワン
〒102-0093　東京都千代田区平河町2-16-1
平河町森タワー11F
TEL　03-3237-8321（代表）　FAX　03-3237-8323
http://www.d21.co.jp

Publisher　干場弓子

Editor　堀部直人

Marketing Group
Staff　清水達也　井筒浩　千葉潤子　飯田智樹
佐藤昌幸　谷口奈緒美　蛯原昇　安永智洋
古矢薫　鍋田匠伴　佐竹祐哉　梅本翔太
榊原僚　廣内悠理　田中姫菜　橋本莉奈
川島理　庄司知世　谷中卓　小木曽礼丈
越野志絵良　佐々木玲奈　高橋雛乃　佐藤淳基
志摩晃司　井上竜之介　小山怜那　斎藤悠人
三角真穂　宮田有利子

Productive Group
Staff　藤田浩芳　千葉正幸　原典宏　林秀樹
三谷祐一　大山聡子　大竹朝子　林拓馬
松石悠　木下智尋　渡辺基志

Digital Group
Staff　伊東佑真　岡本典子　三輪真也　西川なつか
高良彰子　牧野類　倉田華　伊藤光太郎
阿奈美佳　早水真吾　榎本貴子

Global & Public Relations Group
Staff　郭迪　田中亜紀　杉田彰子　奥田千晶
連苑如　施華琴

Operations & Accounting Group
Staff　小関勝則　松原史与志　山中麻吏　中澤泰宏
小田孝文　福永友紀　小田木もも　池田望
福田章平　石光まゆ子

Assistant Staff　俵敬子　町田加奈子　丸山香織　井澤徳子
藤井多穂子　藤井かおり　葛目美枝子　伊藤香
鈴木洋子　石橋佐知子　伊藤由美　畑野衣見
宮崎陽子　並木楓

Proofreader　文字工房燦光

DTP　株式会社RUHIA

Printing　三省堂印刷株式会社

ISBN978-4-7993-2461-5